医療訴訟ケースブック

森冨義明・杉浦徳宏ほか 著

法 曹 会

はしがき

　本書は，東京地裁と大阪地裁のいわゆる医療訴訟集中部に在籍する裁判官の有志が，「幾つかの架空のケースを設定し，これに，日々生起し得る審理運営上の問題や，これを克服するためのノウハウ，工夫を盛り込むことによって，各庁における医療訴訟の審理運営上のプラクティスの確立に多少なりとも寄与しよう」との思いを込めて執筆し，法曹時報67巻10号と11号に連載された「医療訴訟ケースブック」を合本化したものである。3つの具体的なケースが素材とされており，【ケース1】は，急性腹症を発症して病院に救急搬送された患者に対する虫垂炎等の見落としを問題とする訴訟につき，専門委員の関与を経て，和解により事件が終了したケース，【ケース2】は，未破裂脳動脈瘤に対する開頭クリッピング手術を受け，術後，脳梗塞を発症して重篤な後遺障害が残った患者が，適応違反，手技上の注意義務違反，説明義務違反等を主張する訴訟につき，人証調べ，鑑定を経て，判決に至ったケース，【ケース3】は，歯科医院においてインプラントの埋入を受けたもののその一部が脱落した患者が，インプラント治療が適切でなかったと主張するいわゆる本人訴訟につき，専門家調停委員の活用を経て，調停成立により事件が終了したケースである。

　医療訴訟は，原告が，医師等による診療行為（不作為を含む）により患者に悪結果（症状の悪化や死亡等）が生じたと主張して，不法行為又は債務不履行に基づく損害賠償請求をするものであり，①そもそも原告の主張する当該行為により当該悪結果が生じたといえるか否かが争点となり，②これが肯定される場合に，当該行為に注意義務違反（過失）ないし義務違反（債務の不履行）があるといえるか否かが争点となる。いずれの争点についても，適正な判断をするためには医学的な専門的知見が必要であり，ここに医療訴訟の審理，判断の難しさがある。私自身，平成15年4月から4年余り，東京地

裁の医療訴訟集中部の裁判長を務めて，その難しさを痛感する日々を過ごした。特にその前半は，医療訴訟の審理のプラクティスが十分には確立されておらず，試行錯誤を重ねる毎日であった。

　前記各ケースは医療訴訟でよく出くわす事例であるが，本書では，そのケースごとに，裁判長と陪席裁判官が逐次合議をしながら，また，裁判所と当事者が逐次議論をしながら審理を進めていく様子が詳細かつ具体的に記述されており，どのようにして主張，証拠を整理するか（特に，当該悪結果との関係で問題となり得る過失の主張をどのようにして絞るか），審理の各段階で医学的知見をどのようにして採り入れるか，診療経過一覧表や争点整理表をどのようにして作成するか，どのような場合にどのようにして専門委員や専門家調停委員あるいは鑑定を活用するか等々が具体的によく分かる。私も，前記の裁判長時代に本書に出会っていれば，これを参考にして，より円滑な訴訟運営をすることができたであろうと思う次第である。

　本書は医療訴訟に携わる全国の裁判官や弁護士等にとって大いに参考になるものであると確信する。

　平成28年2月

　　　　　　　　　　　東京地方裁判所長　　貝阿彌　　　誠

はしがき

　裁判所は，提訴された事件について，当事者だけでなく社会一般からも，合理的な期間内に適正な解決を図ることが求められている。専門的な知見を必要とする訴訟とりわけ医療訴訟は，一般民事訴訟と比較して，以前から審理が長期化する実情にあった。平成10年には新しい民事訴訟法が施行されたが，その後の司法制度改革の議論でも，長期化する医療訴訟の審理の在り方が問われた。そのような流れの中で，大阪地裁では，医療訴訟を集中的に取り扱う部として「医事部」を，東京地裁「医療集中部」と同じく平成13年4月に設置した。これにより，医療訴訟の審理の充実，促進を図ることが期待された。当初は2か部でスタートしたが，その後の事件増に対応して平成19年4月には3か部に増設された。医事部は，平成28年4月には16年目を迎えるが，これまでの間，医療訴訟を集中的に審理することで，医療訴訟特有の審理のノウハウを相当蓄積することができた。これらの成果は，各裁判所で医療訴訟に携わる裁判官の執務に資するものと思われ，その意味で，今回の企画は，時宜にかなったものといえよう。

　ところで，医療訴訟のように専門的知見を必要とする訴訟類型において，これを獲得する方法としては，伝統的には鑑定及び調停手続があり，ほかにも平成16年に施行された専門委員制度がある。専門的知見の獲得という観点から医事部の特色をみると，①専門委員を多く活用していること，②鑑定方法として単独書面鑑定を原則としていること，③調停手続も少数ではあるが利用していることが挙げられる。大阪地裁では，医事部に限らず，専門委員を積極的に活用しており，様々な実践例が存在する。本文の【ケース1】は，専門委員が関与した事例であり，大阪地裁における専門委員活用の成果もいかされている。鑑定としては，鑑定人が一人か複数か，鑑定結果の報告が書面か口頭かによって，様々な方法があるが，医事部では，種々の理由か

ら一人の鑑定人に書面による回答を求めている。【ケース2】は、単独書面鑑定を採用した事例であり、その面では、医事部のノウハウを提供することができた。医事部では、以前、専門家調停委員の関与による調停手続をよく利用していたが、専門委員制度が創設されてからはほとんどこれを利用しなくなっていた。しかし、最近、件数は少ないが、利用する事例があり、【ケース3】では、実際の調停手続における経験が役立ったといえる。

　裁判所は、当事者や国民の信頼を得るため、今後も社会情勢等の変化に的確に対応しつつ、最善の努力をしていく必要がある。本書が医療訴訟を担当する裁判官の訴訟運営はもとより、医療訴訟に携わる弁護士の方々の訴訟活動の一助となれば幸いである。

　平成28年2月

　　　　　　　　　　　大阪地方裁判所長　　小佐田　　　潔

目　　次

はしがき ………………………………… 貝阿彌　誠　i
はしがき ………………………………… 小佐田　潔　iii
医療訴訟ケースブック …………………………………………… 1
　1　医療訴訟 …………………………………………………… 1
　2　医療訴訟の概況 …………………………………………… 2
　3　医療訴訟の長期化，複雑困難化 ………………………… 4
　4　本稿の特徴 ………………………………………………… 9
　5　結びにかえて ……………………………………………… 10
ケース1 …………………………………………………………… 12
ケース2 …………………………………………………………… 57
ケース3 …………………………………………………………… 109
医療訴訟の審理運営指針（改訂版） ……………………………… 129
　第1　はじめに ………………………………………………… 130
　第2　医療訴訟の審理について（総論） …………………… 132
　第3　第1回口頭弁論前の当事者の活動 …………………… 135
　第4　争点整理手続 …………………………………………… 148
　第5　集中証拠調べ …………………………………………… 169
　第6　鑑　定 …………………………………………………… 169
　第7　集中証拠調べ後の手続 ………………………………… 172
　第8　おわりに ………………………………………………… 173
　別紙1　モデル訴状 …………………………………………… 175
　別紙2　モデル答弁書 ………………………………………… 182
　別紙3　医療訴訟の進行についてのお願い ………………… 187

別紙 4	プロセスカード記載例 ……………………………………	188
別紙 5	調書別紙記載例 …………………………………………	189
別紙 6	診療経過一覧表の作成について ………………………	190
別紙 7	診療経過一覧表記載例 …………………………………	193
別紙 8	書証・証拠説明書の提出について ……………………	196
別紙 9	主張整理書面記載例　例1，例2 ……………………	201

東京地方裁判所医療事件統計 …………………………………… 203

大阪地方裁判所医事部の審理運営方針
（平成28年1月現在） ……………………………………… 204

第1　はじめに …………………………………………… 204
第2　第1回口頭弁論期日までの当事者の活動 ……………… 204
第3　争点整理手続 ………………………………………… 206
第4　書証の提出 …………………………………………… 209
第5　争点整理段階での専門的知見の活用 …………………… 210
第6　人証調べ ……………………………………………… 211
第7　鑑　定 ………………………………………………… 211
第8　和　解 ………………………………………………… 213
第9　審理終盤における訴訟活動 …………………………… 214

大阪地方裁判所医事事件統計 …………………………………… 215

医療訴訟ケースブック

東京地方裁判所部総括判事	森　冨　義　明
同	本　多　知　成
東京地方裁判所判事	篠　原　　　礼
同	上　村　考　由
同	五十嵐　章　裕
同	渡　邊　英　夫
大阪地方裁判所部総括判事	杉　浦　德　宏
大阪地方裁判所判事	塚　田　奈　保
同　　判事補	平　野　貴　之
同	札　本　智　広

（肩書きは執筆当時）

1　医療訴訟

　医療訴訟は，裁判所における重要な訴訟類型の一つである。そして，近時の医療の在り方に対する国民の関心，患者の権利意識の高まりに伴い，医療訴訟の適正，迅速な審理への期待は一層高まっている状況にある。

　医療安全については，平成11年頃以降に社会の耳目を集める医療事故が繰り返し発生したことを契機として，厚生労働省による，①　医療安全推進室の設置，②　医療安全対策検討会議の設置，同会議による「医療安全推進総合対策」の策定，③　医療安全対策ネットワーク整備事業の開始，④　病院，有床診療所における医療安全管理体制の整備，⑤　特定機能病院，臨床研修病院への医療安全管理者の配置，都道府県等における医療安全支援センターの設置，⑥　医療事故情報収集等事業の開始，⑦　診療所又は助産所の管理者への医療の安全を確保するための措置の義務付け[1]，医療安全支援セン

1　医療法6条の10

ター設置義務（努力義務）の明文化[2]等の取組みが行われ，平成27年10月に
は，医療死亡事故の早期の原因究明と再発防止を目的とする「医療事故調査
制度」が施行されることとなった[3]。

　また，裁判外の紛争解決手続についても，例えば東京三弁護士会の医療
ADR，医療紛争相談センター（千葉），茨城県医療問題中立処理委員会等，
各地に紛争解決のための仕組みが構築され，また，分娩に関連して発症した
重度脳性麻痺児とその家族の経済的負担の補償，原因分析，再発防止に資す
る情報の提供等を目的とする産科医療補償制度，医薬品の副作用による被害
の救済を目的とする医薬品副作用被害救済制度等の無過失補償制度が創設さ
れて，今日，これらの制度は医療紛争の解決において重要な役割を担うに至
っている。

　ただ，そうではあるものの，特に争訟性の高い医療紛争において裁判所の
果たすべき役割が依然大きいことは自明であるし，医療訴訟において裁判所
が示す判断は医療の現場に多大な影響を及ぼすことや，上記裁判外の紛争解
決手続における事件処理の基準ともなり得ることを考えると，今後より一
層，裁判所の適正，迅速な審理に対する期待は大きくなるものと思われる。

2　医療訴訟の概況

　医療訴訟の動向について見ると，地方裁判所における新受事件は平成16年
に1089件（東京地裁218件，大阪地裁は平成17年の141件がピーク）[4]となったが，

2　医療法6条の11

3　これを受けて，公益財団法人日本医療機能評価機構による医療事故情報収集
　等事業，一般社団法人日本医療安全調査機構によるモデル事業も開始されてい
　る。

4　なお，最高裁の司法統計では医療に関する損害賠償請求事件を医療事件とし
　て集計しているのに対し，東京地裁の統計では，損害賠償請求事件以外の診療
　報酬請求事件，債務不存在確認請求事件等も含まれているため，医療事件の母

その後、これをピークとして減少に転じ、平成25年には780件（東京地裁146件、大阪地裁70件）となり、平成21年以降はおおむね700件台で推移している状況にある[5]。

平成25年における地方裁判所における既済事件の医療訴訟の平均審理期間は23.8月（東京地裁19.6月）であり、民事第一審訴訟（過払金等以外）のそれの約3倍である。

平均審理期間は、平成5年の42.3月をピークとして、おおむね短縮化の傾向にあったが、平成18年以降は25月前後の横ばいで推移しており、短縮化の頭打ちとでもいうべき状況にある（東京地裁においても、同様の傾向が見られる。）。

平成25年における既済事件の審理期間別の事件割合は、2年を超えるものが39.36％（東京地裁28.57％、大阪地裁34.28％）、3年を超えるものが18.08％（東京地裁13.14％、大阪地裁5.71％）である。終局区分別の事件割合は、判決で終局したものが38.46％（東京地裁44.57％、大阪地裁35.71％）、和解で終局したものが54.49％（東京地裁50.29％、大阪地裁58.57％）であり、当事者双方に訴訟代理人が選任された事件の割合は81.15％（東京地裁82.80％）である。

平均期日回数は11.4回（東京地裁10.6回）、うち平均口頭弁論期日回数は2.6回（同2.2回）、平均争点整理期日回数は8.9回（同8.4回）、平均期日間隔は2.1月（同2.0月）、人証調べ実施率は47.31％（同52.23％）である。

民事第一審訴訟（過払金等以外）と比較すると、医療訴訟は、審理期間が2年を超える事件割合、和解で終局した事件の割合及び当事者双方に訴訟代

　　　数がやや異なっている。
　5　もっとも、平成26年の新受事件は847件（東京地裁204件）と前年からは大きく増加したが、東京地裁の新受事件の傾向を見る限り、その原因は必ずしも明らかとはいえず、今後の推移を注視していく必要がある。

理人が選任された事件の割合が高い。また，平均争点整理期日回数が多く，人証調べ実施率も高くなる傾向にある。

平成16年における鑑定実施率は22.4％である。鑑定実施率は，若干の増減はあるものの，全体としては減少傾向を示しており，平成25年には10.9％（東京地裁3.8％，大阪地裁11.4％）まで低下している（ただ，医療訴訟における鑑定実施率は，民事第一審訴訟〔過払金等以外〕に比し，依然，顕著に高い。）。

平成25年における鑑定実施事件の平均審理期間は50.0月（東京地裁30.0月）であり，医療訴訟全体の平均審理期間（23.8月）の2倍以上である[6]。

診療科目別の事件数を見ると，平成25年における新受事件780件（東京地裁146件，大阪地裁70件）のうち，内科は178件（東京地裁25件，大阪地裁9件），外科は124件（東京地裁18件，大阪地裁14件），整形外科は90件（東京地裁15件，大阪地裁9件），産婦人科は56件（東京地裁8件，大阪地裁4件）であり，これらの診療科目の事件が全体の事件数の相当部分を占める状況にあるのは従前のとおりであるが，東京地裁の場合，平成21年から平成25年までの5年間で，内科の事件は47件から25件へとほぼ半減し，その他の外科，整形外科，産婦人科の事件も減少しているのに対し，インプラント治療を中心とする歯科（口腔外科を含む。）は21件ないし34件と高い水準で推移し，形成外科（美容を含む。）も5件から12件へ増加するなど，これまでとは，やや異なる傾向を呈するようになっている。

3 医療訴訟の長期化，複雑困難化

医療訴訟が長期化，複雑困難化する要因には，① 当事者及び裁判官の専門的知見の不足による争点整理手続の長期化，② 証拠の偏在，③ 当事者

---

[6] 審理期間別に鑑定人指定から鑑定書提出までの平均期間を見ると，審理期間が長い事件ほど，鑑定人指定から鑑定書提出までに時間を要している傾向にあることが分かる。

間の感情的な対立等があるとされる。また，医療訴訟において，鑑定が実施される事件は，審理期間が長期化する傾向にあるとの指摘もある。

　医療訴訟は，医師の診療を受け合併症等が生ずるに至った患者やその家族が，医師や医療機関に対し，不法行為又は債務不履行に基づき損害賠償を請求する訴訟であり，通常，合併症等が生ずるに至った機序を確定した上，注意義務違反の有無，当該注意義務違反と損害との間の因果関係，損害の有無，損害額につき，審理判断がされることになる。

　患者の取違え，薬剤の誤投与，開腹手術における医療器具の残置等のケースでは，その結果の重大性はともかく，注意義務違反の内容自体は比較的単純であることが多いが，専門家である医師の主観的判断の当否が問題となる場合（これが医療訴訟の大半を占めるものと思われる。）には，通常，訴訟において，医療における判断の不確実性を踏まえつつ，診療当時及び最新の医療技術，医学的知見，当該事案における医療機関の性格，所在地域の医療環境の特性等を検討することが求められる。そして，このことは，当事者の訴訟

7　患者側弁護士は，医療事故被害者が求めるものを，①　原状回復，②　真相（原因）究明，③　反省謝罪，④　再発防止，⑤　適正な損害賠償の5点に整理するが（浦川道太郎ほか編・医療訴訟〔安東宏三・523頁以下〕），訴訟において，これらを全て受け止めるのは極めて困難である。また，医療訴訟の場合，当事者間の対立のほか，医療界と法曹界，医師と患者側弁護士（あるいは，法律それ自体）の間の相互の不信感という問題があるとも指摘されている（「民事裁判の一層の充実・迅速化に向けて（3）」〔山本和彦発言部分・ジュリ1434号98頁〕）。

8　前記のとおり，医療訴訟における鑑定実施率は，民事第一審訴訟（過払金等以外）に比し，顕著に高い。

9　髙橋譲編著・医療訴訟の実務「医師から見た医療と法曹との相互理解の現状と課題」（高瀬浩造・3頁以下）

10　例えば，合併症等を生ずる機序，注意義務違反と損害との間の因果関係の有無は，最新の医学的知見を踏まえて判断されるのに対し，注意義務違反の有無

追行が，機序の確定，注意義務違反の有無，因果関係の存否等の様々な局面において，困難を伴うものであることを意味する。

医療訴訟の追行は訴訟代理人の力量に負うところが多いが[11]，実際には，訴訟代理人，特に，基本的に注意義務違反の有無，因果関係の存否等につき主張立証責任を負うことになる患者側代理人は，総じて，医療訴訟の経験が少なく，証拠の獲得，診療録等の検討，医学文献の調査，協力医等の専門家との連携にも不慣れである傾向があり[12]，裁判所側の医学的知見の不足等の問題もあって，この問題が，より一層医療訴訟を複雑困難なものにし，長期化させる要因ともなっている。また，医療訴訟のうち鑑定実施事件は審理期間が長期化する傾向にあり，鑑定人選任に要する時間や鑑定書提出後の反論反証に長期間を要することが，審理長期化の主な原因となっていることも，従前から繰り返し指摘されてきた[13]。

は，診療当時の医学的知見（最三小判昭和57年3月30日・判タ468号76頁等にいう「臨床医学の実践における医療水準」）を踏まえて判断される。また，この医療水準は，当該医療機関の性格，所在地域の医療環境の特性等の諸般の事情を考慮して決せられるべきであり，全国一律に解するのは相当でないとされる（最二小判平成7年6月9日・民集49巻6号1499頁，最三小判平成8年1月23日・民集50巻1号1頁）。

11　前記のとおり，医療訴訟は，民事第一審訴訟（過払金等以外）に比し，訴訟代理人が選任された事件の割合が顕著に高く，このことは，医療訴訟が，一般的に複雑困難で専門的知見を要する訴訟であり，これを追行していくためには訴訟代理人の力量に負うところが多い事件類型であることを示すものである。

12　もっとも，患者側弁護士について，昭和52年に「医療問題弁護団」が設立され，現在では，全国の大半の弁護士会に医療紛争を専門とする弁護士グループがある。当該グループに所属する弁護士が関与している場合，医療機関側（の弁護士）の対応や事案の内容によるものの，訴訟提起前の示談の成立等によって訴訟提起に至らない場合や，訴訟提起に至っても早期に紛争が解決する場合も少なくない。

裁判所においては，かかる状況を踏まえ，弁護士会，医療機関等との連携を図りながら，診療経過一覧表，争点整理表の活用，専門委員，鑑定人の確保等，医療訴訟の適正，迅速化に向けた様々なプラクティスを確立し，あるいは医療に関する専門知識や審理方法に係るノウハウを蓄積してきたところである[14]。

　東京地裁医療集中部においても，医療訴訟の運営につき当事者代理人との認識の共通化を図るためのプラクティスを取りまとめて，平成19年6月に「医療訴訟の審理運営指針」[15]を公表し，平成25年4月には，自らの反省点と訴訟代理人への要望点を洗い出し，これを整理するとともに，近時，医療訴訟の経験の少ない訴訟代理人の関与が増加してきたことや，訴訟提起前の準備が不十分と考えられる事案が目につくようになってきたことを踏まえ，かつ，訴訟提起前の調査活動等が訴訟に拠らない早期の紛争解決に不可欠であるのみならず，適正，迅速な審理のためにも不可欠であるとの認識の下で[16]，患者側代理人の訴訟提起前の活動について，より多くの言及をした「医療訴訟の審理運営指針（改訂版）」[17]を公表した。

　もとより，各庁における医療機関の特性は様々であるし，弁護士会の規模，弁護士会，医療機関等との連携の有無，内容，裁判所の構成，専門委員，調停委員の数等，医療訴訟を取り巻く環境も様々であって，特定の庁の[18]

13　「民事裁判の一層の充実・迅速化に向けて（3）」（本田能久発言部分・ジュリ1434号99頁）

14　例えば，「横浜地裁における医療訴訟の審理の実情」（判タ1295号53頁），「大阪地方裁判所医事部の審理運営方針」（判タ1335号5頁）等。

15　判タ1237号67頁

16　「医療界と法曹界の相互理解のためのシンポジウム　第4回」（判タ1374号56頁以下）参照

17　判タ1389号5頁

18　例えば，東京地裁の場合，半数近い事件でいずれかの側から医師の意見書

プラクティスが他庁に直ちに妥当するものでないことは当然といえる。

　そうではあるものの，司法研修所の民事実務研究会において各庁から提出された研究問題を取りまとめたり，個別の医療事件の処理において，現に苦労している事柄や，これを克服するために工夫していることを聴取したりすると[19]，各庁において，①　診療経過の確定方法（診療経過一覧表をどのように作成し，どのように活用するか，診療経過一覧表はどのような場合に作成するのが相当かなど），②　注意義務違反（過失）の特定方法（過失が特定されてない場合，どの時点でこれを特定させるべきか，また，どのように特定させるべきか，診療経過全体を通じ多数の過失が主張されている場合，どのように対応すればよいかなど），③　医学的知見の獲得方法（当事者代理人に医学的知見の提出を促すにはどのようにすればよいか，知見の医療水準の認定はどのようにするのが相当か，裁判所の医学的知見に係る心証開示の在り方はどうか，専門委員，専門家調停委員は，どのように活用すればよいかなど），④　争点整理の方法（争点整理の方法にはどのようなものがあるか，争点整理のために説明会を開催することは考えられるかなど），⑤　鑑定の方法（鑑定事項を検討する際，どのような点に留意すべきか，鑑定はどの時点で実施すべきか，鑑定の方法について，カンファレンス方式以外の工夫はないかなど）について，同様の問題点を抱え，これを克服するため，その実情に沿ったプラクティスを確立し，あるいは，これを確立しようと不断の努力をしていることがうかがえる。

　　（私的鑑定書）が提出されているように思われるが，大阪地裁の場合，近時やや増加する傾向にあるものの，18％前後にとどまるとのことである（徳岡由美子「大阪地裁医事事件における現況と課題」判タ1381号87頁）。また，平成25年における鑑定実施率は，全体で10.9％であるのに対し，東京地裁では3.8％，大阪地裁では11.4％である。他方，専門委員の関与率は，全体で7.3％であるのに対し，東京地裁では1.3％，大阪地裁では18.6％である。
19　本稿を作成するに当たり，岡山地裁，福岡地裁小倉支部，大分地裁，高松地裁から医療訴訟の実情や審理運営上のプラクティスについて聴取した。

4　本稿の特徴

　本稿は，このような観点から，いわゆる医療集中部において現に医療訴訟を担当している裁判官が，幾つかの架空のケースを設定し，これに，日々生起し得る審理運営上の問題や，これを克服するためのノウハウ，工夫を盛り込むことによって，各庁における医療訴訟の審理運営上のプラクティスの確立に多少なりとも寄与しようとするものである。

　ケースは，基本的に，東京地裁や大阪地裁等の医療（医事）事件集中部の設置された庁から異動してきた裁判官が，初めて裁判長として医療訴訟を担当することになり，主任裁判官である左陪席裁判官や，医療訴訟の経験を有する右陪席裁判官と協議を重ね，医療集中部で蓄積したノウハウを活用し，あるいは，これを応用しながら，審理運営をしていくことを想定した。なお，ポイントと思われる箇所には，簡単な解説を付すとともに，コラム形式で，これに係る判例や議論の状況，基礎的な医学的知識等を紹介するようにしている。

　ケースの概要は，次のとおりである。

(1)　【ケース１】では，中規模庁（医療集中部の設置はないが，民事立会部が２箇部ある庁）の民事部に，急性腹症を発症し病院に救急搬送された患者に対する虫垂炎等の見落としを問題とする訴訟が係属し，専門委員の関与を経て，和解により事件が終了したケースを素材として，①　多数の過失が主張された場合にどのように主張を整理し，特定させるか，②　診療経過一覧表をどのように作成し，活用するか，③　患者側が既に診療録等の開示を受けている場合，その提出はどのようにするか，④　専門委員をどのように活用するか，その場合，どのような点に留意する必要があるか，⑤　心証開示の在り方はどのようであるべきか，⑥　主張整理の方法にはどのようなものが考えられるか，⑦　和解の際にはどのような点に留意する必要があるかなどの問題点を取り上げる。

(2) また,【ケース2】では,小規模庁（医療集中部の設置はなく,民事部は1箇部の庁）の民事部に,未破裂脳動脈瘤に対する開頭クリッピング手術を受け,術後,脳梗塞を発症して重篤な後遺障害が残った患者が,適応違反,手技上の注意義務違反,説明義務違反等を主張する訴訟が係属し,人証調べ,鑑定を経て,判決に至ったケースを素材として,① 患者側がすべき事前準備にはどのようなものがあるか,② 手技上の注意義務違反の内容が特定されていない場合,どのように対応するか,説明義務違反についてはどうか,③ 診療経過一覧表を作成する場合,どのような点に留意する必要があるか,④ 証拠保全記録の取扱いについて留意する点はあるか,⑤ 主張整理の方法にはどのようなものがあるか,説明会を開催する場合,手術記録（録画）を上映する場合,どのような点に留意する必要があるか,⑥ 人証尋問については,どのような工夫が考えられるか,⑦ 鑑定を実施する場合,どのような点に留意する必要があるか,⑧ 判決書を作成する際,留意する点はあるかなどの問題点を取り上げる。

(3) さらに,【ケース3】では,中規模庁の民事部に,原告本人訴訟によって,近時,増加傾向にある歯科の事件が係属し,専門家調停委員の活用を経て,調停成立により事件が終了したケースを素材に,審理運営上の問題点を紹介しながら,過失の特定の方法,医学的知見の獲得方法,主張整理の方法等のほか,調停の活用についても取り上げる。

5　結びにかえて

本稿で取り上げたケースは,飽くまで架空のものである。そもそも,問題点を提示するのみで,適切な対応策を示すに至っていない点も少なくないし,対応策を示している点についても,ケースと同様の対応策を講ずることにより,全ての問題を克服し得るわけではないのは当然である。

ただ,ケースの中で生起する問題点は,実際の訴訟においても,しばしば生起し得るものであるし,その中で示される対応策も,現に実践されている

ものである。

　本稿が，裁判所の適正，迅速な審理運営の一助となるとともに，医療訴訟に携わる者が，改めて問題意識を共有し，医療訴訟について理解を深めていただく契機となれば幸いである。[20]

　なお，本稿を作成するに当たっては，浜松医科大学教授，帝京大学客員教授である大磯義一郎氏に医学的知見に関してご助言をいただくなど，多大なご尽力をいただいた。この場を借りて，厚く御礼を申し上げる次第である。

---

[20] 本稿においては，執筆者の私見にわたる部分も多く含まれることにご留意願いたい。

> **ケース１**
> 急性腹症で病院に緊急搬送された患者が，同病院の医師は，虫垂炎，腹膜炎の発症を見落として，長期間必要な治療を行わず，また，手術の際，誤って小腸等を損傷させたことにより，患者に後遺障害が残ったなどとして，病院を設置する医療法人に対し，不法行為に基づき損害賠償を請求するケース

A地方裁判所　御中

平成25年5月7日

訴　　状

当事者　別紙当事者目録記載のとおり

損害賠償請求事件
第1　請求の趣旨
　1　被告は，原告に対し，1億2000万円及びこれに対する平成22年11月15日から支払済みまで年5分の割合による金員を支払え。
　2　訴訟費用は被告の負担とする。
との判決並びに仮執行宣言を求める。

第2　請求原因
　1　当事者
　(1)　原告は，昭和38年生まれの男性であり，平成22年11月当時47歳であった。
　(2)　被告は，A市所在のY病院（以下「被告病院」という。）を開設する医療法人である。

2　診療経過

(1)　原告は，平成22年11月15日，急な腹痛を訴え，自宅近くの診療所を受診したが，待合室でより強い腹痛を訴えるようになって，Ａ中央病院へ救急搬送された。

Ａ中央病院での原告の主訴は腹痛であり，血圧は126／86mmHg，脈拍は83回／分，体温は37.2℃，経皮的動脈血酸素飽和度（SpO2）は94.3％，白血球数（WBC）は15600／μℓであった。また，圧痛，腹部膨満の腹部所見があり，腹部超音波検査でダグラス窩に腹水が少量認められたものの，腹部CT検査に異常はなく，痛みで力が入るためブルンベルグ徴候等の腹膜刺激症状の有無は不明であった。

Ａ中央病院の医師は，入院の上，精査が必要と判断したが，満床であったため，原告を救急車で被告病院に転送した。

(2)　原告は，平成22年11月15日午後２時頃，被告病院に到着し，対応した甲医師は炎症所見なしと判断し，レントゲン撮影の結果，腹部臥位にて，マイクロニボー，大腸ガス拡散像があり，骨盤腔内にガス像は乏しいと判断した。原告の腹部はやや固く，膨満し，腹部全体に圧痛が認められた。体温は39.2℃であり，心拍数は124回／分と頻脈であった。原告は，同日，被告病院に入院した。

(3)　11月16日，原告の腹壁は固めで，腹部膨満感があり，顔色は不安気味，最高体温は37.7℃，反応性蛋白（CRP）は9.0mg／dℓであった。

11月17日，広範囲に腹痛，左側腹部痛があり，腹壁は固めで，筋性防御，腹満とも著明，最高体温は37.9℃，WBCは21900，CRPは35.4であった。腹部エコー検査では，観察不良であったが，虫垂の膨隆がうかがわれたものの，被告病院の医師は，筋性防御の程度が腹膜炎ほどではなく，膵炎が最も疑われると診断した。また，造影CT検査にて，回盲部に糞石が認められた。

(4)　11月18日，右腹部に強い圧痛があり，腹壁は固めで，腹満があり，最高体温は38.2℃，WBCは21600，CRPは30.9であった。

(5)　11月19日から12月３日まで，腹満は著明であり，腹壁は固く，右下腹部を中心とする痛みがあり，特に右側腹部から背部にかけての激痛があった。圧痛，下痢があり，体温も上昇した。

(6)　被告病院は，11月30日，開腹手術を決定し，被告病院の乙医師は，12月

3日，開腹手術を実施した（以下「本件手術」という。）。開腹の結果，虫垂炎と診断され，小腸切除，虫垂切除，腸管癒着剥離が行われることとなったが，乙医師は，癒着剥離の際に，小腸及び上行結腸を損傷させた。

(7) 本件手術の後も，原告の体温は下がらず，2週間を経過した頃から，怒鳴ったり，壁に向かって話をしたりするなどの不穏症状が出現し，3週間を経過した頃には，心拍が弱くなったり，極端な低体温状態，排尿障害，意識障害になったりした。しかし，これらの原因や今後の見通しについて被告病院の医師から説明はなかった。

(8) 被告病院は，12月26日，原告をB医大病院に救急車で転送した。原告は，B医大病院では，腹腔内膿瘍，多発性小腸穿孔（多発），腎不全，肝不全，膵炎，敗血症との診断がされ，その後，平成24年10月に退院するまで，4回の開腹手術を受けた。

3 被告病院の医師の過失
(1) 虫垂炎を見落とし，これに対する治療を行わなかった過失

原告に虫垂炎の既往はない。また，原告は，腹痛を訴え，その体温は39.2℃まで上昇し，糞石があり，WBCも異常高値で推移していたのであるから，被告病院の医師は，11月15日の時点で，虫垂炎を疑い，血液検査を行って，CRP等を確認し，鑑別診断を行うべきであった。上記の検査が行われていれば，虫垂炎と診断し，開腹手術をすることが可能となって，原告に後遺障害が残ることはなかった。しかし，被告病院の医師は，上記の検査を怠って虫垂炎を見落とし，必要な治療を行わず，これにより原告には残存小腸85cm，頸部・腹部・大腿部の醜状障害等の後遺障害が残った。

(2) 腹膜炎を見落とし，これに対する治療を行わなかった過失

原告は，入院後，本件手術までの間に，腹膜炎を発症していたところ，被告病院の医師は，これを見落として，必要な治療を行わずに症状を悪化させ，これにより原告には前記後遺障害が残った。

(3) 本件手術の際，小腸及び上行結腸を損傷させ，かつ，腹腔内を十分に洗浄しなかった過失

開腹手術の際，癒着部分を剥離するに当たっては，臓器を損傷しないように細心の注意を払う義務がある。また，消化管を切除した場合は，術後感染症を

惹起することのないように腹腔内を十分に洗浄する義務がある。

しかし、乙医師は、本件手術の際、漫然と癒着部分を剥離して、小腸及び上行結腸を損傷させ、また、腹腔内を十分に洗浄しないで、原告に術後感染症を発症させた。

4 損害
(1) 治療費……

(2) 付添看護費……

(3) 入院雑費……

(4) 通院交通費……

(5) 装具、器具等購入費……

(6) 家屋改造費……

(7) 休業損害……

(8) 後遺症による逸失利益……

(9) 入通院慰謝料……

(10) 後遺障害慰謝料……

(11) 弁護士費用……

5 まとめ
よって、原告は、被告に対し、不法行為に基づく損害賠償として1億2000万円及びこれに対する不法行為の日である平成22年11月15日から支払済みまで民

法所定の年5分の割合による遅延損害金の支払を求める。
　なお，原告は，平成24年11月27日，御庁に対し，証拠保全の申立て（平成24年（モ）第156号）をし，同年12月18日に証拠調べを行った。

添付資料

（略）

証拠書類

甲第1号証　被告病院の診療録
甲第2号証　A中央病院の診療録
甲第3号証　B医大病院の診療録
甲第4号証　平成25年3月8日付け内容証明郵便
甲第5号証　領収書
甲第6号証　見積書
甲第7号証　ホームページ（抜粋）
甲第8号証　陳述書
　　　　……

事件の配てん

　A地方裁判所には，民事立会部が2箇部あるが，医療集中部は設置されていない。事件は，順てんで第1民事部に配てんされ，事案の内容，性質等に鑑み，合議事件として審理することになった。第1民事部の裁判長は，昨年までD地方裁判所の医療集中部に右陪席として在籍し，合議事件，単独事件を担当していた裁判官，同部の右陪席は任官8年目の特例判事補，左陪席は任官間もない新任判事補である。

事前合議その1

（左陪席）
　本格的な医療事件が来ました。初めて見る事案です。専門的な医療用語が多くて，正直訴状を読むのも大変です。
（裁判長）

ケース1

　私が医療集中部の右陪席だったとき，左陪席は，部屋にある医学文献や解剖図を読んで，調べていたようです。特に医学生や看護師向けのテキストや解剖図は，基礎的な事柄が分かりやすく書いてあり，図も豊富なので，参考になると言っていましたね。ただし，飽くまでもテキストですので，実際の医療現場の実情に沿ったものではない可能性もありますし，知見として古い可能性もありますので，注意が必要です。
　また，東京地裁の医療集中部と大阪地裁の医事部の判決が「医療訴訟ケースファイル」（判例タイムズ社）にまとめられているので，探せば似た事案があるかもしれません。
（左陪席）
　分かりました。早速調べてみます。

Column ①（医学文献）
　東京地裁医療集中部には，「今日の診療プレミアム」（医学書院），「南山堂医学大事典」（南山堂），「ネッター解剖学アトラス」（Frank H. Netter〔相磯貞和訳〕，南江堂）等の成書，解剖図等のほか，医学生又は看護師を対象とする「病気がみえる」シリーズ（メディック・メディア），「STEP」シリーズ（海馬書房），「標準〇〇学」シリーズ（医学書院），「ぜんぶわかる人体解剖図」（成美堂出版）等の成書，解剖図等が備えられている（髙橋譲編著「裁判実務シリーズ5　医療訴訟の実務」（商事法務）（第9講「基礎的な医学的知見」）169頁，浦川道太郎ほか編「専門訴訟講座④医療訴訟」（民事法研究会）215頁）。

事前合議その2

（裁判長）
　ところで，訴状について何か補正すべき点，気になった点はないですか。
（左陪席）
　訴状の記載で過失の内容が十分に特定されているか気にな

ります。特に，三つ目の過失（本件手術の際，小腸及び上行結腸を損傷させ，かつ，腹腔内を十分に洗浄しなかった過失）は，臓器を損傷しないように細心の注意を払う義務があるというもので，具体的にどうすべきであったのか分かりません。これでは，結果責任を追及していることになりませんか。
（裁判長）
　確かに，その問題はありそうですね。でも，臓器の損傷自体によって医師の過失が推定されるケースがないわけではないし，医療機関側で過失を積極的に争わないケースもあるから，この点は，被告の出方を見た方がいいかもしれませんね。
　むしろ，私としては，一つ目の過失（虫垂炎を見落とし，これに対する治療を行わなかった過失），二つ目の過失（腹膜炎を見落とし，これに対する治療を行わなかった過失）の方が気になりますね。このままでは，どの時点で具体的にどうすべきであったのか，分からないでしょう。被告も十分な反論ができないと思いますよ。
（左陪席）
　そういえばそうですね。過失の特定について，訴状送達前に補正を促した方がよいでしょうか。
（裁判長）
　医療事件の場合，欠席判決はまず考えられないし，被告の出方次第で，過失の内容が変わることも少なくないので，この時点で補正を促しても余り意味はないでしょう。必要最低限度の点だけは補正を促そうと思いますが，何かありませんか。
（左陪席）
　そういえば，担当書記官が，書証について証拠説明書の添付がないと言っていました。診療録や領収書の分類もされていないし，医学文献も，出所不明のホームページが提出され

ているだけで，全く足りません。
（裁判長）
　証拠説明書の提出は当然ですが，この時点で医学文献の提出を促すのは難しいでしょう。ただ，書証については，甲A～甲Cのように整理する必要がありますね。被告病院の診療録はともかく，A中央病院，B医大病院の診療録に訳文が付いていないのも問題です。
　いずれ，被告の出方を見て，医学文献の追加提出を求めたり，協力医の意見書を提出する予定があるか確認したりすることにしましょう。また，被告には，診療経過に沿って具体的な認否反論を求めるだけでなく，訳文付き診療録の提出を求めるつもりなので，忘れないようにしてください。
　ところで，訴状を読んだ印象はどうですか。
（右陪席）
　第一印象としては，被告病院に入院したのが11月15日で，開腹手術を決定したのが11月30日，手術が12月3日ですから，経過観察をしていたにしては長すぎるように思います。被告病院の医師は，原告のWBCやCRPをどう見ていたのか気になります。
（裁判長）
　同感ですね。少なくとも，一つ目の過失，二つ目の過失については，被告病院の医師が，開腹手術を行うまでに，どのような判断をしていたのかがポイントになりそうです。
（左陪席）
　とりあえず，証拠説明書の提出と書証の整理を促しておきます。
（裁判長）
　それでは，補正が済み次第期日の指定をしましょう。

> 運営指針第4の2(2)（判例タイムズ1389号15頁）参照

事前合議その3

　原告は，補正の促しを受けて，書証を甲A，B，Cに整理

し，証拠説明書を提出した。

　訴状を送達したところ，被告は，訴訟代理人を選任の上，答弁書を提出した。
(左陪席)

　被告から答弁書が出ましたが，認否反論は「追って」となっています。書証も提出されていません。予定どおり，被告に訳文付き診療録の提出を求めるということでよいですか。
(裁判長)

　そうしてください。ところで，当庁では，これまで診療経過一覧表は作っていましたか。
(左陪席)

　代理人が，事実経過だけでなく，法的主張や評価を書き込むことが多く，そのことで議論になったり，せっかく作っても，判決書に添付できなかったりで，最近作った例はないようです。特に指示をしなくても，作成してくれる代理人もいるようですが……。
(右陪席)

　でも，診療経過は，判断の基礎となる事実ではないでしょうか。診療経過一覧表を作成することで，争いのない事実とそうでない事実が明確になるし，膨大な診療録のどこを見ればいいのかすぐに分かって，大いに助かった経験もあります。診療経過一覧表を作成する過程で争点が明確になることも少なくないというし，手間を掛けるだけの意味は十分あるのではないですか。
(裁判長)

　そうですね。特に本件では，入院から開腹手術に至る経過が問題となっているので，診療経過一覧表を作成する意味は大きそうですね。一度，原被告に促してみましょう。

Column ② (診療経過一覧表について)

　診療経過一覧表とは，客観的な診療経過等に関する当事者の主張及び証拠（診療録，看護記録，手術記録，検査結果等）との対応関係を時系列的に整理したものである。診療経過一覧表を早期に作成し，診療経過等のうち，当事者間に争いのない事実と争いのある事実とが明確に区別されることで，裁判所と当事者間で診療経過等の事実関係について共通認識を持つことができ，その作成過程において，争点が明確化していくことも少なくない。

　診療経過一覧表は，客観的な診療経過等を整理するものであるから，過失，因果関係等に関する評価（法的主張）を記載することは予定されていない。また，診療録等の客観的な証拠の裏付けのない記載は，原則として避けるべきであり，例外的に記載する必要がある場合には，当該部分に下線を引くなどの工夫をした上で記載する必要がある。

　被告医療機関における診療経過等の一覧表は，原則として第1回弁論準備手続期日までに被告において原案を作成するよう求めているが，一時点の医療行為の適否（手技上の注意義務違反等）のみが争点となる場合や損害のみが争点となる場合など，診療経過が問題とならないときには，診療経過一覧表の作成をしないこともある。また，訴状において原告の主張する注意義務違反が特定されていない場合には，争点との関係で重要となる診療経過の範囲が明らかでないので，注意義務違反が特定されるまで診療経過一覧表の作成を留保することもある。

　原告は，被告の作成した「診療経過」欄の記載について争うべき点や追加すべき点がある場合は，「原告の反論」欄にその旨を記載する。被告は，「原告の反論」欄に記載された診療経過のうち争わないものについては，「診療経過」欄に移記する。以上の作業を完成するまで繰り返す。なお，追加訂正をした場合は，訂正箇所が分かるよう，その箇所の文字色を変更する。

　診療経過一覧表が完成したら，裁判所は，弁論準備手続期日又は口頭弁論期日において，当事者双方の診療経過に関する主張が診療経過一覧表記載のとおりであることを確認して，その旨を調書に記載し，診療経過一覧表を調書に添付する。これにより，診療経過一覧表の記載内容は，当事者の主張として訴訟資料となる。

> 　前医，後医における診療経過等についても，争点との関係で重要である場合には，診療経過一覧表の作成を求めることがある。その場合，裁判所と当事者間の協議によって原案を作成する当事者を決める。基本的には，原告が作成することが多いが，前医，後医における診療経過を有利に援用したい当事者が作成することもある。

第1回口頭弁論期日（平成25年6月6日）
　原告代理人及び被告代理人が出頭した。
（裁判長）
　訴状陳述でよろしいですか。
（原告代理人）
　陳述いたします。
（裁判長）
　答弁書陳述でよろしいですか。
（被告代理人）
　陳述します。
（裁判長）
　答弁書では，追って認否反論するとなっていますが，被告は，診療経過，医学的知見を踏まえた具体的な認否，反論をしてください。また，訳文付き診療録，主張に応じた医学的知見の提出，診療経過一覧表の作成をお願いします。 ── 運営指針第3の3(1)（前掲判タ12頁）参照
（被告代理人）
　了解しました。ただ，診療録にそれなりのボリュームがあるので，準備には時間が掛かるかもしれません。また，今のところ，原告の主張は不明確と考えているので，反論もその限度でということになると思います。
　ところで，診療経過一覧表の作成は必要ですか。
（裁判長）
　本件では，ピンポイントの手術の手技のみが問題となっているわけではなく，入院中の幾つかの時点での診療行為が問

題となっているようなので，診療経過一覧表を作成する意味はあると考えています。
(被告代理人)
　裁判所の指示ということであればしかるべく。
(裁判長)
　診療経過一覧表は，法的主張とは別に，診療経過等の客観的な事実に関する主張を整理するものです。法的主張まで記載してしまうと分かりにくくなるので，客観的な事実経過について記載するようにお願いします。これは原告も同様です。

　それから，診療録に基づく事実とそうではない事実とを区別して記載するようにしてください。

　ところで，原告代理人は，過失の内容については，訴状記載のとおりということでしょうか。
(原告代理人)
　そのとおりです。
(裁判長)
　裁判所としては，被告病院の医師が，どの時点で，何をすべきであったのか，より具体的に主張する必要があると考えます。

　被告の認否反論を踏まえる必要もあるとは思いますが，いずれの過失についても，時点を特定した上，注意義務の具体的内容，すなわち被告病院の医師は何をすべきであったか，注意義務を基礎付ける事実，すなわちその根拠となる所見，検査結果等，そして，これを裏付ける医学的知見を明らかにしてください。ちなみに，原告は，協力医の意見書を提出する予定はありますか。
(原告代理人)
　協力医には相談をしていますが，多忙な方で，意見書を作成してもらうのは困難かもしれません。
(裁判長)

運営指針第4の2(1)（前掲判タ13，14頁）参照

運営指針第3の2(1)（前掲判タ10，11頁）参照

分かりました。なお，甲号証の取調べをしますが，被告病院の診療録は，被告から提出される予定なので，現段階では取調べを留保します。証拠保全の記録を取り寄せる必要があるかも，これを見て検討してください。
(原告代理人)
　分かりました。
(裁判長)
　A中央病院とB医大病院の診療録については，いずれも訳文が付いていません。被告が作成したものではない以上，原告において訳文を付していただく必要があると考えます。
(原告代理人)
　検討しますが，準備には若干お時間をいただきたい。
(裁判長)
　では，本件は，争点整理のため，弁論準備に付したいと思いますが，よろしいですか。
(双方代理人)
　特に異議はありません。
(裁判長)
　それでは，弁論準備手続に付すことにし，受命裁判官として裁判長の私と主任裁判官を指定します。被告の準備にはどのくらいかかりますか。
(被告代理人)
　1箇月半程度いただきたい。
(裁判長)
　それでは，被告の準備書面及び証拠の提出期限は7月25日とします。次回期日は，その1週間後の平成25年8月1日午前10時30分ではいかがでしょうか。
(双方代理人)
　それで結構です。

ケース1

第1回弁論準備手続期日（平成25年8月1日）

被告から，具体的な認否反論が記載された準備書面，診療経過一覧表，診療録（乙A1号証）が提出された。

（被告代理人）

被告の主張は，要旨，原告は診療録を誤読し，診療経過を誤解している，原告の主張する過失を基礎付ける医学的知見はないというものです。

（裁判長）

被告から，準備書面，診療録が提出されたので，第1回口頭弁論期日に指摘したとおり，原告は，これを踏まえて主張を整理してください。また，当該過失と結果との因果関係について留意することも忘れないようにしてください。また，複数の過失を主張する場合は，それぞれの過失間の関係にも留意してください。なお，被告からは診療経過一覧表も提出されています。データは，原告にも送付されているはずですので，確認の上，加筆をお願いします。

（原告代理人）

了解しました。ただし，準備には若干時間をいただきたい。

（裁判長）

では，原告の準備書面の提出期限は平成25年9月6日とし，次回期日はその1週間後の平成25年9月13日午前11時ではいかがでしょうか。

（双方代理人）

それで結構です。

＊便宜上，弁論準備手続期日においても「裁判長」等と記載する。
運営指針第3の2（前掲判タ10頁以下）参照

Column ③（診療録について）

診療録は，最も基本的かつ重要な証拠であるから，早期（できる限り第1回口頭弁論期日の次の期日まで）の提出が必要である。東京地裁医療集中部では，第三者が判読して訳文を付すには労力と時間を要することを考慮し，被告

が訳文を付して提出する運用が定着している。原告が診療録を訴状とともに提出する場合もあるが，通常は被告が診療録一式を訳文を付して提出することから，原告の提出した診療録の取調べは留保し，被告が提出したものとの重複が確認されれば，これを取り調べない扱いである。なお，複数の診療科を受診している場合や，診療期間が長期にわたる場合などには，当事者と協議の上，診療科目や期間を限定して提出してもらうこともある。

訳文は，対象となる部分の付近に朱書きしてもらうことが多い。日本語の記載でも，判読が困難な場合は，同様に内容を明らかにしてもらう。訳文を必要とする部分が少なく，かつ，同じ言葉が頻出するような場合には，辞書形式で一覧表を作成してもらうこともある。

紙の診療録は，保管している状態のまま，冒頭から通し頁を付して提出してもらう。電子カルテの場合，出力条件により，印字される内容や順序が異なるため，いかなる条件で出力すべきかが問題となり得る。当事者と裁判所が協議して決めることになるが，基本的には，診療科目ごとに分けて，時系列で出力してもらう。更新履歴も保存されている場合が多いが，更新履歴を含めて印刷すると大部になり，読みにくくなるため，原告が記載の信用性を争う部分についてのみ，更新履歴を提出してもらうことが多い。各種画像は，どの部分をどのように読影するのかについて説明した証拠説明書や準備書面を併せて提出してもらう。説明の方法としては，画像を紙に印刷して説明を付記する方法や，説明を付記した透明なパラフィン紙を画像に重ね合わせて一体として提出する方法などが考えられる。

診療録は，時間的（診療の流れ），場所的（医療が提供される場所），人的（関与する職種）違いを意識して読むと理解しやすい。また，記載方法としては，S（subjective data：患者による主観的データ），O（objective data：客観的データ），A（assessment：評価），P（plan：計画）に分けた方法などがあるが，これも念頭に置くと理解がしやすい（髙橋譲編著「裁判実務シリーズ5　医療訴訟の実務」（商事法務）142～148頁，医療訴訟の審理運営指針（改訂版）（判タ1389号15，16頁），秋吉仁美編著「リーガル・プログレッシブ・シリーズ8　医療訴訟」（青林書院）115～120頁）。

ケース1

第2回弁論準備手続期日（平成25年9月13日）

　原告から，被告の主張する診療経過に対する認否が記載された準備書面，診療経過一覧表に原告の認否反論を記載したもの及び訳文付きのA中央病院及びB医大病院の診療録が提出された。
（原告代理人）
　被告が提出した診療録を確認しましたが，特に改ざん等のおそれがある記載はありませんでした。原告が甲A1号証として提出した被告病院の診療録を別途取り調べていただく必要はないと考えます。また，原告としては証拠保全の記録の取寄せを求めません。
　診療経過は，一覧表に記載のとおり，基本的に争いませんが，11月15日の診療録には「炎症所見なし」と記載されていますから，この時点で被告病院の医師は炎症所見を把握して対応したとする被告の主張は誤りです。医師は，炎症所見を見落としていたとしか考えられません。
（被告代理人）
　その点ですが，字が崩れて読みにくいものの，「炎症所見あり」と記載されています。被告病院の医師が炎症所見があることを把握していたことは明らかです。いずれにせよ，原告は，いまだ過失の内容を明らかにしていません。被告としては，その内容が明らかになってから，反論をするつもりなのですが……。
（裁判長）
　原告は，過失等の整理についてはいかがですか。
（原告代理人）
　検討していますが，今回は間に合いませんでした。
（裁判長）
　原告は，引き続き検討をお願いします。また，被告も，原告の準備書面に対する認否反論，診療経過一覧表のうち原告加筆部分の確認をお願いします。特に，被告のこれまでの主

張では，被告病院の医師は，何を疑い，どのような方針で，診療を行っていたのかが十分に明らかでないように思われるので，この点を明確に主張してください。
(被告代理人)
　まず原告が主張を整理すべきではないですか。
(裁判長)
　主張立証責任についてはそのとおりですが，診療を行う以上，合理的な理由があったはずですから，その点を被告から積極的に主張してほしいと考えています。
(被告代理人)
　いずれ甲医師，乙医師の陳述書を提出して明らかにするつもりでしたが，改めて関係者から事情を聴取した上，現時点でできる限りの主張はします。
(裁判長)
　では，準備書面の提出期限は平成25年10月18日，次回期日はその1週間後の平成25年10月25日午前11時30分ではいかがでしょうか。
(双方代理人)
　結構です。

第3回弁論準備手続期日（平成25年10月25日）

　被告から，診療経過一覧表の改訂版が提出された。
　原告からは，準備書面が提出された。
(裁判長)
　被告から診療経過一覧表についての原告の認否反論についての反論がされ，診療経過一覧表が改訂されました。
　診療経過については，原告の方で再度ご確認ください。
(原告代理人)
　了解しました。
　過失の内容ですが，訴状に記載した三つの過失について，それぞれ，①　注意義務の具体的内容，②　注意義務を基礎

付ける事実（所見，検査結果等），③　注意義務を基礎付ける医学的知見に分けて整理しました。また，診療経過一覧表によれば，手術の実施を決定したのが11月30日で，実際にこれを実施したのが12月3日ということですから，手術決定から実施までの期間が長いという点を四つ目の過失として追加します。
（裁判長）
　一つ目の過失（虫垂炎を見落とし，これに対する治療を行わなかった過失）は，11月15日の時点のことを問題とするようですが，二つ目の過失（腹膜炎を見落とし，これに対する治療を行わなかった過失）については，時点が特定されていないようですが……。
（原告代理人）
　二つ目の過失について，現段階では，入院後から手術前までという以上に具体的な時点を特定するのは困難です。
（裁判長）
　医学的な知見の提出については，どうですか。
（原告代理人）
　医学文献を甲B号証として提出しますが，協力医の意見書については，やはり提出は困難です。
（被告代理人）
　原告から過失について主張がされたので，反論をします。
（裁判長）
　では，準備書面の提出期限は平成25年11月29日，次回期日はその1週間後の平成25年12月6日午後2時ではいかがでしょうか。
（双方代理人）
　結構です。

第4回弁論準備手続期日（平成25年12月6日）

　被告から過失について反論する準備書面及び乙B号証と

して医学文献が提出された。
(裁判長)
　診療経過一覧表については，一部の点について争いがあることも含めその内容が確定したものと考えられます。一部に争いがある旨を付記した上で調書に添付するということでよろしいでしょうか。
(双方代理人)
　異議はありません。
(被告代理人)
　今回の準備書面に記載したとおり，被告としては，被告病院の医師の診療行為が適切であったことの根拠として，腹痛が自制可能であったこと，腹痛は全体的なもので虫垂炎特有の部位に腹痛があったわけではないこと，ブルンベルグ徴候は確認されず，筋性防御の程度が腹膜炎ほどのものではなかったことなどを主張します。また，憩室炎，膵炎の可能性もあり，この場合には，保存的治療が原則ですから，直ちに手術を実施しなかったからといって，不適切な診療行為とはなりません。
(裁判長)
　「筋性防御の程度が腹膜炎ほどのものではない」と判断した理由はなんですか。
(被告代理人)
　担当医のこれまでの経験に基づくものというほかありません。
(原告代理人)
　準備書面で反論しますが，少なくとも，膵炎に関しては，アミラーゼ値が異常値を示していなかったことや，被告病院において膵炎の治療は行われていないことを指摘しておきます。
(裁判長)
　今回乙B号証として提出された医学文献ですが，被告の

主張を直接基礎付けるようなものではないように思うのですが、いかがですか。
（被告代理人）
　その点は、先ほどの筋性防御と併せて、医師の陳述書又は意見書により補充する予定です。
（裁判長）
　では、準備書面の提出期限は、平成26年1月17日とし、次回期日はその1週間後の平成26年1月24日午前10時30分ではいかがでしょうか。
（双方代理人）
　結構です。

第5回弁論準備手続期日（平成26年1月24日）

原告から反論の準備書面が提出された。
（原告代理人）
　被告の過失についての反論を行うものです。また、その後に入手した医学文献を甲B号証として追加します。
（被告代理人）
　原告の準備書面について反論します。これで、被告の主張はおおむね尽きると思います。立証についても、後は、甲医師及び乙医師の陳述書の提出、証人尋問の申請のみです。
（原告代理人）
　被告の反論にもよりますが、原告もおおむね主張は尽きたと考えています。立証についても、原告本人の陳述書の提出、原告本人尋問の申請のみです。
（裁判長）
　では、準備書面の提出期限は平成26年2月28日とし、次回期日は平成26年3月7日午後2時30分ではいかがでしょうか。
（双方代理人）
　結構です。

期日前合議（平成26年3月4日）

（左陪席）

　被告から反論の準備書面と乙A号証として甲医師及び乙医師の陳述書が提出されました。

（裁判長）

　これで主張立証が出そろったことになりますが、今後の進行についてはどう考えていますか。

（左陪席）

　そもそも、甲医師が11月15日の時点で炎症所見を見落としていたのではないかという疑問は措くとしても、虫垂炎、腹膜炎の診断において、患者の主訴、臨床所見、血液検査の結果、画像等を総合的に判断すべきであることは、どの文献にも共通して記載されていますし、当事者双方の認識もこの点は大きく異ならないと思います。問題は、これらのうちどの点をより重視すべきかですが、時点が特定されていないこともあって、提出された医学文献で、これを判断するのは難しいですね。

　また、三つ目の過失（本件手術の際、小腸及び上行結腸を損傷させ、かつ、腹腔内を十分に洗浄しなかった過失）については、癒着の状況からすると、剥離の際に臓器を損傷させたというだけで、過失を構成するか疑問です。追加した四つ目の過失についても、手術がどの程度遅滞すると過失を構成することになるのか不明ですし、因果関係が認められるかも疑問です。

（右陪席）

　確かに、原告の主張は、やや総花的であるように思います。もう少し、争点を絞り込んだ方がいいのではないでしょうか。

（裁判長）

　前任庁では、当事者双方から医師の意見書が提出されることが比較的多く、これを比較対照することにより争点を絞り

込めたこともありましたが，この事件では，原告に協力医の意見書の提出を求めるのは難しそうですね。そうだとすれば，専門委員を活用するのはどうでしょうか。
(右陪席)
　当庁では，当事者から反対されることが多くて，専門委員を活用したことは，余りありません。
　先日参加した司法研修所での研究会で，他庁の裁判官から，鑑定事項の確定と鑑定人候補者の選任に限定して専門委員を活用したことがあると聞きました。他庁でも，いろいろ工夫はされているようですが……。
(裁判長)
　専門委員の関与に慎重な意見が出ることはあるでしょうね。そうであるからこそ，必要な場合には，無理をせずにできるところから始めて，少しずつ経験を積み重ねていくべきでしょう。
　本件でも，候補者の選任，求説明事項，当日の進行，記録化，訴訟資料化等について当事者が懸念を示すことが考えられます。当事者と協議を尽くして進めていくしかないでしょう。
　まずは，次回の期日に双方の意見を聴いてみることにします。

運営指針第4の3(3)（前掲判タ18，19頁）参照

第6回弁論準備手続期日（平成26年3月7日）

(裁判長)
　これまでに双方の主張と文献等の提出は一通り出そろったということでよろしいですか。
(双方代理人)
　一応そのように考えます。
(裁判長)
　本件については，四つの過失が主張され，医学文献等も提出されました。重大な結果が生じているのは事実であり，被

告病院の医師の医療行為に何らかの問題があったことも考えられる事案ではありますが，例えば，二つ目の過失については，これを判断するには，どの時点のどの所見等に着目すればよいのか，判然としません。また，三つ目，四つ目の過失についても，依然，その内容は不明確であるように思います。原告において協力医の意見書を提出するのは困難ということでもあるので，専門委員に急性腹症の診断等について，説明してもらうことが今後の進行を検討する上で有益と考えますが，ご意見はありますか。
（原告代理人）
　中立公正な方が専門委員として指定されるのか不安があります。
（裁判長）
　専門委員の経歴等を事前に開示することは考えています。
（被告代理人）
　専門委員が本件の結論について意見を述べる可能性もありますが，その意見がどのように取り扱われるか不安がありますし，これについて十分に反論する機会をいただけるのかも不安です。
（裁判長）
　裁判所としては，当事者双方の同意が得られるのであれば，専門委員に，一般的な説明のほか，評価的な説明も述べてもらうことを考えていますが，いずれにせよ，求説明事項は，当事者と裁判所との間で十分に協議した上で決定することになりますし，反論の機会も，当然，十分に確保します。そのことを前提に，次回までに専門委員の関与について検討してください。
（被告代理人）
　専門委員の関与する期日は，1回限りということでしょうか。
（裁判長）

基本的には，そのように考えています。
（被告代理人）
　専門委員には，どのような資料を見てもらうのですか。
（裁判長）
　これも協議の上で決めたいと思いますが，基本的には，事案の概要書のほか，診療録等，最小限の資料を見てもらうことになると思います。被告病院の医師の陳述書や医学文献も見てもらうかも協議の上で決めることになります。
（被告代理人）
　専門委員の説明は記録するのですか。
（裁判長）
　専門委員から事前に質問事項に対する簡潔な回答書を提出してもらい，これを調書に添付することを考えています。期日における補足説明を簡潔に調書に記載することはあり得ますが，逐語的な記録をすることは考えていません。
　では，検討をお願いします。

Column ④（専門委員の活用）

　専門委員制度は，医療訴訟のように専門的知見を要する訴訟において，裁判所が事案を理解するために必要な専門的知見を供給することを目的として，平成15年の民事訴訟法改正により導入されたものである。

　専門委員は，争点整理，証拠調べ及び和解のいずれの場面でも関与することができるが，医療訴訟においては，争点整理の場面で専門委員が活用されることがある。争点整理における関与の方式については，争点整理の段階において関与の決定を行い，裁判所と当事者の協議により求説明事項を確定し，その上で専門委員に一度だけ関与してもらい，求説明事項に沿って説明を聴くという方式が採られることが多い。争点整理の序盤，中盤，終盤に近い時期のいずれの関与もあり得るが，当事者の医学的知見に関する主張立証が特に不十分あるいは困難で，争点整理の難航が予想される場合などにおいては，争点整理手続の比較的早期の段階で，専門委員を関与させる方式を採ることが有益である。

また，鑑定事項を確定するために専門委員に関与してもらうなど，鑑定の準備段階で専門委員を積極的に活用する事例も見られるところである。
　専門委員の関与の方法については，弁論準備手続期日を設けて専門委員に出頭してもらうか，進行協議期日を設けて裁判所及び当事者が専門委員の下に出向くかは，各庁の事情によることになると思われる。
　専門委員の関与については，当事者が消極的な意見を述べることもあるが，その場合でも，専門委員の指定，求説明事項の確定や交付資料の選定に当たっては当事者の意見を聴くこと，専門委員の説明について当事者から理由を尋ねたり意見を述べたりする機会を与えること，専門委員の説明が証拠又は弁論の全趣旨として判断の基礎となるわけではないことなどを説明することにより，当事者の理解が得られることもある。
　なお，当事者双方の同意があることを前提に，専門委員に対し，専門分野に関する一般的な知見のほかに，当該事件の事案に即した具体的な説明を求めたり，専門委員の説明を訴訟資料の一つとして取り扱ったりする場合がある。ただし，この場合でも，専門委員の説明について，当事者に主張，反論する機会を十分に与えることが重要である。

第7回弁論準備手続期日（平成26年3月28日）

（裁判長）
　前回期日で検討をお願いした専門委員の関与について，当事者双方の意見はいかがでしょうか。
（原告代理人）
　求説明事項，候補者にもよりますが，基本的に差し支えないと考えます。また，専門委員に評価的な説明を求めることも異論はありません。
（被告代理人）
　被告としても，反対はしません。ただし，専門委員の評価的な説明について，主張，反論する機会は十分に確保していただきたいと考えます。
（裁判長）

ケース1

　分かりました。では，専門委員を指定しようと思います。事案からすると，消化器外科の医師を指定するのが相当と思いますが，よろしいですか。
（双方代理人）
　異議はありません。
（裁判長）
　候補者について，経歴等をお知らせするので，意見をお願いします。
　また，具体的な求説明事項については，まず，原告又は被告から求説明事項の案を提出してもらい，相手方当事者の意見を踏まえて，最終的な求説明事項書を取りまとめたいと考えていますが……。
（被告代理人）
　では，まず被告から求説明事項書案を提出します。
（原告代理人）
　異存ありません。
（裁判長）
　それでは，被告は平成26年4月11日までに求説明事項書案を提出してください。原告は，これに対する意見があればその1週間後の4月18日までに書面を提出してください。それを踏まえて，裁判所において求説明事項書案を取りまとめて4月25日までに当事者双方に送付することにしますから，特に意見があれば4月30日までに書面を出してください。
　また，事案の概要と現時点の争点をまとめた事案概要書を作成して専門委員に送付したいと思います。期日間の4月11日までに双方に事案概要書案をお送りしますので，意見があれば，4月25日までに書面を出してください。
　なお，専門委員には，弁論準備手続期日で説明をしてもらう予定ですが，専門委員の都合がつかない場合，病院に出向いて進行協議期日で説明をしてもらうことも考えられますので，留意してください。

＊専門委員に対する求説明事項の作成については，当事者双方の意見を十分に考慮した上で，裁判所が最初の原案を作成する例も多い。

期日間合議（平成26年3月31日）

（裁判長）
　何とか専門委員の関与についてまとまって良かったですね。肝心の専門委員候補者の選定ですが，当庁の専門委員名簿の中から適任の医師は見つかりましたか。

（左陪席）
　消化器外科ということになりますと，○○大学病院消化器外科のＴ医師にお願いしてはいかがでしょうか。

（右陪席）
　当庁では，昨年までに県内の三つの基幹病院からの協力を得て，診療科目ごとにおおむね1名から数名の専門委員候補者を確保できたところです。以前よりもだいぶ選任がしやすくなりましたね。
　Ｔ医師には，一昨年別件で鑑定をお願いしたことがあります。多忙な方のようですが，短期間で充実した鑑定書を提出していただきました。ただ，専門委員をお願いしたことはまだないと思います。

（裁判長）
　Ｔ医師にお願いしてみましょう。専門委員の依頼が初めてということであれば，専門委員の関与の目的や手続については，依頼するときに改めて説明しておく必要がありますね。早速，Ｔ医師に連絡してみることにしましょう。

（左陪席）
　分かりました。

（裁判長）
　あとは，専門委員に送付する資料の選別が重要です。事案概要書と求説明事項書を専門委員に送付することはもちろんですが，提出済みの書証のうちどの範囲で専門委員に資料として送るかについては，当事者双方の意見をよく聴く必要がありますよ。

（左陪席）

＊専門委員に送付する資料の選択については，当事者から意見が出されることも少なくないことから，期日

すみません。その点については余り考えていませんでした。
(裁判長)
　Ａ号証の被告病院の診療録（乙Ａ１号証）は全て必要だと思いますが，前医であるＡ中央病院の診療録（甲Ａ２号証）と後医であるＢ医大病院の診療録（甲Ａ３号証）を全て送付するかどうかは検討の余地があります。

　それから，Ｂ号証，特に協力医の意見書が提出されている場合に，これを専門委員に送付することに一方当事者から反対意見が出されることはよくあることです。本件では，協力医の意見書は出されていませんが，Ｂ号証の文献についても，送付資料に含めるかどうかは当事者の意見を聴いて要検討です。文献についても反対意見が出ることがありますし，専門委員もその道の専門家ですから，敢えて一般的な文献を送付する必要はないとも考えられます。また，余り分量が多いとかえって専門委員の検討に支障を来すことになりかねませんからね。
(左陪席)
　Ａ中央病院とＢ医大病院の診療録ですが，本件では前医と後医の診療経過も重要であるように思われるので，本件では全て送付した方がよいと思います。Ｂ号証の文献は，本件の場合，分量がさほど膨大でもないですし，当事者からどのような文献が出されているかを把握しておいていただくのも有益であるように思われるので，送付する方向で考えてはいかがでしょうか。
　いずれにしても，送付する資料のリストを作成して，当事者の意見を聴いてみたいと思います。

期日間準備
○　専門委員候補者への依頼と当事者からの意見聴取
　主任書記官は，裁判体の指示を受け，Ｔ医師に電話連絡

において当事者と打ち合わせることも考えられる。

し，依頼の趣旨，選定の経緯，事案の概要，診療経過，手続の流れ等を簡潔に説明し，Ｔ医師から，専門委員の選任について内諾を得た。

　主任書記官は，Ｔ医師に対し，専門委員の指定についての当事者の意見を聴くために当事者に開示する参考資料として，専門委員候補者の出身大学，経歴，発表論文，その他の参考事項を記載した書面の提供を依頼した。

　２日後，Ｔ医師から裁判所に経歴書が送付されたことから，左陪席裁判官は，当事者双方に対し，経歴書を開示した上，Ｔ医師の専門委員関与についての意見を１週間以内に提出するよう求めた。

　後日，当事者双方からＴ医師の専門委員関与について特に反対意見はない旨の電話連絡があったことから，担当書記官は，その旨の電話聴取書を作成した。

○　求説明事項書及び事案概要書の作成

　裁判所は，被告代理人から求説明事項書案が提出されたことから，原告代理人に意見を求めた。

　原告からは，被告作成の求説明事項書案中，「11月15日及び17日の両時点において，被告病院の医師が，原告の当時の主訴，臨床所見及び検査所見に照らし，虫垂炎又は腹膜炎との確定診断をせず，経過観察としたことは適切であったか。」との質問には，不相当であるとの意見が出された。

　裁判所は，上記の意見を踏まえて，別紙のとおり，求説明事項書案をまとめ，また，事案概要書案を作成し，当事者双方の意見を聴取したところ，いずれについても当事者双方から特に意見はない旨の回答があった。

専門委員に対して説明を求める事項

ケース1

第1　別紙○○（省略）記載の診療経過及び所見を前提とすると（以下同じ。）このような患者の虫垂炎及び腹膜炎の発症の機序はどのようなものであったかと考えられますか。

第2　虫垂炎及び腹膜炎の診断について
　1　虫垂炎及び腹膜炎の診断は一般的にどのような手順・方法で行われますか。その概要を簡潔に説明して下さい。
　2　強い腹痛を訴える患者の痛みが全体的な圧痛であって限局的な圧痛が見られない場合，虫垂炎を否定する根拠となりますか。
　3　別紙（省略）のカルテに記載された，11月15日ないし17日当時の圧痛，筋性防御に関する所見は，虫垂炎及び腹膜炎の診断を否定する根拠となりますか。
　4　上記カルテ上，別紙（省略）の記載のほかに，虫垂炎及び腹膜炎の診断を否定する根拠となり得る所見がありますか。
　5　11月17日における以下の所見は，虫垂炎と符合しないものですか。
　　(1)　ビリルビン値2.4
　　(2)　尿潜血（＋）
　　(3)　黄疸

第3　本件患者の予後について
　1　11月15日の時点における別紙（省略）のカルテの記載等を前提にすると，このような患者について腹膜炎と診断され，開腹手術を受けた場合，一般的に，予後が異なっていたと考えられますか。
　2　11月17日の時点における別紙（省略）のカルテの記載等を前提にすると，このような患者について腹膜炎と診断され，開腹手術を受けた場合，一般的に，予後が異なっていたと考えられますか。
　3　11月30日の時点における別紙（省略）のカルテの記載等を前提にすると，このような患者について開腹手術が実施された場合，12月3日に実施された場合と比較して，一般的に，予後が異なっていたと考えられますか。

○ 専門委員への資料の送付
　左陪席裁判官は，専門委員に送付する資料のリスト（被告病院（乙A1号証），A中央病院（甲A2号証）及びB医大病院（甲A3号証）の診療録全部，B号証の文献全部）を作成し，当事者双方の意見を聴取したところ，特に反対意見はなかったことから，裁判所は，5月13日付けで専門委員の関与決定をし，上記資料を事案概要書及び求説明事項書とともに主任書記官を通じて専門委員に送付した。

○ 専門委員との日程の調整
　T医師との間で，日程の調整を行ったところ，T医師からは業務繁忙のため求説明事項に対する回答書の提出期限は平成26年7月11日頃を目処にしてほしいという回答であった。また，期日については，弁論準備手続を前提に期日を調整したものの，T医師の都合がつかないことから，平成26年8月8日，T医師が勤務する病院において進行協議期日を開き，そこでT医師に説明をしてもらうこととなった。担当書記官は，病院の会議室を借りる手配をした。
　その後，平成26年7月11日，T医師から求説明事項に対する回答書が提出された。

> 進行協議期日（平成26年8月8日）

　平成26年8月8日の進行協議期日の当日，期日開始前に10分程度，期日の進行について，裁判官がT医師に対して説明を行った。

＊期日前の裁判官と専門委員との間の打合せは，当事者から不信感を招くことがないように，手続に関する事項を手短に行う程度にとどめ，説明の内容に関する

期日開始後，裁判所が事前に送付した求説明事項書に沿って，T医師に発問し，回答書に従って説明をしてもらい，当事者双方が補充して発問する形式で進行した。T医師の説明は，1時間程度で終了した。

（裁判長）
　以上で専門委員からの説明を終えていただきます。
　本日の説明を踏まえて当事者双方とも今後の方針等について検討してください。
　なお，専門委員の本日の説明の骨子は，専門委員から事前に提出された回答書のとおりであると認識していますが，この回答書を本期日の調書に添付する扱いでよろしいですか。
（双方代理人）
　構いません。
（裁判長）
　仮に，準備書面を提出されるのであれば，その期限は平成26年9月26日までとし，次回期日は平成26年10月3日午後3時の弁論準備手続期日とすることではいかがでしょうか。
（双方代理人）
　結構です。

ケース1

やりとりは控えるべきである。

＊期日における専門委員の説明は，まず裁判官からの発問に回答してもらった後，当事者から補充の質問の機会を設ける方法によることが多いと思われる。

＊回答書面の添付のみならず，期日における口頭による説明内容を記録する必要がある場合には，要約又は反訳して調書化するか，録音媒体自体を調書に添付することが考えられる。

　また，手術手技などに関する説明では，専門委員の説明の様子をビデオ撮影し，これを収録したDVDを調書添付するなど

の工夫例も見られる。

期日間準備（平成26年9月26日）

　専門委員の説明等を踏まえ，原告から，遅くとも11月17日の時点で，虫垂炎，腹膜炎の診断をし，早期に開腹手術を実施すべきであった旨記載された準備書面が，被告からは，専門委員の説明について反論を記載した準備書面，乙医師の追加の陳述書及び医学文献が提出された。

期日前合議（平成26年10月1日）

　裁判所は，合議の結果，被告の主張立証を考慮したとしても，遅くとも11月17日の時点では，虫垂炎，腹膜炎と判断すべきであり，早期に開腹手術を実施すべきであったといえる，他方，三つ目の過失を認めるのは困難である，四つ目の過失については，上記の過失を認める以上，判断を示す必要はないし，仮に過失が認められるとしても，この時点で，手術が3日間遅滞したことにより，結果が変わるとは考えられないとの暫定的な心証を形成した。

　また，裁判所の方で，これまでの審理を踏まえ，争点整理表を作成した。

第8回弁論準備手続期日（平成26年10月3日）

（裁判長）
　今後の進行についてご意見をお聴きしたいと思います。裁判所としては，専門委員の説明を踏まえて，証拠調べを実施する前に，和解を勧試することも考えていますが，いかがですか。

　〜被告代理人退室〜
（原告代理人）

ケース1

　三つ目の過失，四つ目の過失と結果との因果関係を認めるのが困難であることは分かりますが，11月17日時点の診断に問題があることはかなり明確になったと考えています。そのことを前提とするのであれば，証拠調べ前に和解のテーブルに着くことはやぶさかではありません。

　～原告代理人退室，被告代理人入室～
（裁判長）
　これまでの主張立証や専門委員の説明を踏まえると，少なくとも11月17日時点での判断には問題がありそうですが，この段階での和解は考えられませんか。
（被告代理人）
　確かに，痛みが全体にわたる場合でも虫垂炎を否定できるわけではないことは専門委員の説明のとおりですが，本件では，被告病院での初診時以降，原告が訴える痛みの程度はおおむね自制内で推移しており，実際に診察をした担当医がこのことを最もよく知るところです。専門委員の説明は，原告の当時の痛みの程度を実際に経験しておらず，診療録の記載から推測した痛みを前提としていることに留意すべきです。原告の訴えた痛みの程度については，担当医の証人尋問において明らかにしたいと考えています。
　人証調べの前に話合いをするとしても，現時点で被告の有責を前提にするのであれば，和解は困難です。

　～原告代理人入室～
（裁判長）
　双方からお聴きしたご意見を踏まえ，人証調べを実施する方向で審理を進めることにします。
　その前に，専門委員の説明を踏まえて，本件の争点を改めて整理したいと思います。
　四つ目の過失（手術実施の遅れ）については，因果関係の

点で疑問があります。また，三つ目の過失については，手技上の過失を立証できているのかが問題となるものと思われますが，これらの主張を過失として維持するかどうかについて，原告はどのようにお考えですか。
(原告代理人)
　三つ目の過失については，原告本人が重視しており，主張を撤回する考えはありません。
　四つ目の過失についても，因果関係の立証が困難であることは否めませんが，やはり主張を維持したいと思います。
(裁判長)
　一つ目，二つ目の過失を主張する以上，四つ目の過失を主張する意味は余りないように思いますが，それでも主張を維持しますか。
(原告代理人)
　これ以上の主張立証を考えているわけではありませんが，やはり主張を撤回するのは困難です。
(裁判長)
　分かりました。裁判所が作成した争点整理表のデータをお渡ししますので，それを確認の上，意見があれば10月21日までにデータに加筆訂正をして提出してください。争点整理の結果として，次回の弁論準備手続期日調書に完成後の争点整理表を添付することにします。
(双方代理人)
　了解しました。

期日間準備（平成26年10月28日）

　左陪席裁判官は，争点整理表についての当事者からの加筆訂正意見を反映させて，これを完成させ，期日前に当事者双方に送付した。

ケース1

争点整理表

		原告	被告
過失1 11月15日時点の過失（虫垂炎を見落とし，これに対する治療を行わなかった過失）	1 注意義務の内容	被告病院の医師らは，原告が被告病院に転送された平成22年11月15日時点において虫垂炎と診断し，開腹手術を行うべきであった。また，仮に，虫垂炎との診断に至らなかったとしても，試験開腹を行うべきであった。	原告の所見は虫垂炎のみに認められる症状ではない。鑑別診断として虫垂炎が挙がっているにすぎない段階では試験開腹を行う義務はない。
	1を基礎付ける事実	原告が，11月15日，腹痛を訴え，体温が37.2℃から39.2℃に上昇し，糞石が認められ，WBCが11800，15600と異常高値で推移し，腹部は膨満し，圧痛があり，X線上ニボー像（小腸内液体貯留・腸管麻痺を意味する）が認められたことから，虫垂炎発症後間もなく穿孔し，腹膜炎を発症していた。 なお，A中央病院の医師が虫垂炎及び腹膜炎の可能性を被告病院に告げていた。	検査数値については認める。 ①腹痛は全体の圧痛であり，反跳痛（－）②腹部単純レントゲン検査においても異常所見が認められないこと，③腹部エコー検査においてもダグラス窩にわずかな腹水が認められたにすぎず，④上行結腸の糞石が確認されるも明らかな病原巣が同定できなかったことなどから，虫垂炎との確定診断は困難であった。 なお，A中央病院においても，疾患の同定には至っておらず，鑑別診断として第一に挙げられているのは憩室炎である。

	1の医学的根拠	………………	………………
	具体的な注意義務違反	被告病院の医師らは、開腹手術を行わなかった。	WBCが11800とA中央病院の数値と比較して低下していたことから、緊急開腹手術の適応はないと判断し、絶食の上、抗生剤点滴を使用する保存的治療としたのであり、義務違反は争う。
過失2 11月17日時点の過失（腹膜炎を見落とし、これに対する治療を行わなかった過失）	2注意義務の内容	11月17日の時点で、11月15日に見られた状態が改善に向かうことなく、虫垂炎、腹膜炎を疑わせる症状が明らかとなっていたのであるから、開腹手術を行うべきであった。また、仮に、虫垂炎、腹膜炎との確定診断に至らなくとも、試験開腹を行うべきであった。	否認。11月17日の時点で虫垂炎、腹膜炎を強く疑わせる症状は出ておらず、他の疾患を疑わせる所見も見られ、虫垂炎との確定診断は困難であったことから、開腹手術をすべき義務があるとはいえない。 なお、試験開腹も手術である以上、身体に対する侵襲は不可避であり、慎重な検討を要するものであり、虫垂炎を疑って試験的に開腹手術を実施するのは現実的でない。
	2を基礎付ける事実	前記1に加えて、11月16日、17日に右下腹部の痛みが見られ、筋性防御、腹部膨満が著明であり、グル音微弱、下痢便、発熱、CRP	・入院後の腹痛の程度は自制内であり、11月17日の腹膜刺激所見は、反跳痛は認められるものの、筋性防御は、穿孔性腹膜炎の筋性防

ケース1

		異常高値，軽度黄疸が認められ，17日には，WBC 21900，CRP 35.4，体温 37.9℃であった。	御ほどの硬さではなく，腹膜刺激症状に乏しく，腹部CT画像からも消化管穿孔は判断できなかった。 ・また，17日において，ビリルビン値が2.4と上昇していたことから，憩室炎及び急性膵炎が疑われ，尿潜血（＋）から尿管結石，胆石症等の胆道系疾患も疑われた。さらに，超音波，CTの画像所見からも，胆石症，膵炎，結腸憩室炎を疑わせる所見が認められ，これらの疾患によるCRP，WBCの上昇も考えられた。 ・腹痛について左側腹部痛を訴えており，虫垂炎に典型的とされる右下腹部に限局した圧痛と明らかに異なる所見が認められた。
2の医学的根拠		…………	…………
具体的な注意義務違反		被告病院の医師らは，原告が腹膜炎に罹患していることを見逃し，手術を行わなかった。	被告医師らは，膵炎，憩室炎であれば，保存的療法が主体となり，鑑別疾患としてこれらを除外できないことから，保存的療法を継続したのであり，義務違反は争う。

過失3 12月3日の手術の際の手技上の過失	3 注意義務の内容	………………	………………
	3を基礎付ける事実	………………	………………
	3の医学的根拠	………………	………………
	具体的な注意義務違反	………………	………………
過失4 手術遅れの過失	4 注意義務の内容	………………	………………
	4を基礎付ける事実	………………	………………
	4の医学的根拠	………………	………………
	具体的な注意義務違反	………………	………………
結果		………………	………………
因果関係		………………	………………
損害		………………	………………

Column ⑤（主張整理書面について）

　東京地裁医療集中部では，医療訴訟における主張整理書面については，その要否，時期，方法，形式，活用方法に関し，各裁判体や事案によって様々である。

　時期については，主張がある程度そろった段階で作成する場合もあれば，早期に作成を開始し，随時改定をしていく場合もある。

　方法についても，①　裁判所が争点の柱立てをして，両当事者が具体的主張立証を記載する方法，②　裁判所が当事者の主張等をまとめた上で，両当事者が加削する方法，③　当事者双方で争点についての主張を要約した準備書面を

> 提出するなどの方法がある（運営指針第4の4(1)（前掲判タ20頁））。上記②の方法についても，文章式のものもあれば，本件のように一覧表形式のものもある。東京地裁医療集中部では，作成する場合は，上記②の方法によることが多いが，上記①の方法によることもあるというのが実情である。

第9回弁論準備手続期日（平成26年11月7日）

（裁判長）
　本件の争点は，作成した争点整理表の内容のとおりでよろしいですか。
（双方代理人）
　よいと考えています。
（裁判長）
　それでは，争点整理の結果として，今回の弁論準備手続期日調書にこの争点整理表を添付することにします。
（双方代理人）
　了解しました。
（裁判長）
　人証については，申請のあった甲医師，乙医師及び原告本人をいずれも採用します。尋問は，甲医師，乙医師，原告本人の順番で行うこととし，尋問時間は，主尋問，反対尋問ともに1人当たり30分程度でお願いしたいと思いますが，それでよろしいですか。
（双方代理人）
　了解しました。
（裁判長）
　それでは，弁論準備手続を終結します。

第2回口頭弁論期日（平成27年1月16日）

　証人尋問（被告担当医）及び原告本人尋問が実施された。
（裁判長）

弁論を終結し，判決言渡期日を平成27年3月15日午後1時15分に指定しますが，本件については，人証調べの結果を踏まえ，和解を勧試することにしたいと考えています。双方のご意見はいかがですか。
(双方代理人)
和解のテーブルに着くことについては異存がありません。
(裁判長)
それでは，和解期日を本日から1週間後の平成27年1月23日午前11時に指定します。

人証調べ期日後の合議（平成27年1月16日）
裁判所は，合議の結果，① 原告が訴えていた痛みの程度は，虫垂炎と矛盾するものではなく，むしろ整合するものと考えられ，その他の所見を総合すると，遅くとも11月17日時点で虫垂炎及び腹膜炎の診断をし，早期に開腹手術を実施すべきであった，② 同日に確定診断の上早期に手術を実施していれば，本件結果を回避できた高度の蓋然性があると判断し，後遺障害の程度等を考慮し和解金を5000万円とする和解を勧試することにした。

和解期日1（平成27年1月23日）
裁判長は，当事者双方に対し，個別の席上で，上記合議の結果のとおりの心証を開示し，被告が原告に対して和解金5000万円を支払う内容の和解を勧告した。

〜原告代理人退室〜
(被告代理人)
専門委員の説明等について，慎重に検討しましたが，鑑定等によってもこれを覆すのは容易でないことから，これ以上争わない方針です。裁判所の心証は分かりましたので，一度持ち帰って検討したいと思います。病院内部で十分な協議を

する必要がありますので，次回期日を3週間程度先の日に指定してください。

　～被告代理人退室，原告代理人入室～
(原告代理人)
　和解金5000万円については，原告本人と協議した上で回答しますが，これまでの打合せの状況からすると，受入れは可能であるように思います。ただし，原告本人は，重大な後遺障害が残ったことで，相当怒っています。原告本人の心情を考えると，和解するには，被告が責任を認めて謝罪することが不可欠と考えます。
　～原告代理人退室，被告代理人入室～
(被告代理人)
　持ち帰って検討しますが，謝罪条項を設けることには抵抗があります。逆に，被告としては，和解条項に非開示条項を設けることを希望します。いずれにせよ，裁判所から書面で和解勧試をしてもらえれば，内部の手続がスムーズに進むと思うのですが……。

Column ⑥ (医療訴訟における和解の留意点)
1　和解条項について
 (1) 医療訴訟における和解においては，患者側が謝罪条項を入れることを求めることがしばしばある。和解金の額については双方で合意に達したにもかかわらず，医療機関側が謝罪条項を入れることに応じないため，和解になかなか至らない場合もあり，そのような場合には，謝罪の内容や対象に留意して条項の文言に工夫をする必要がある。
　　　例えば，医療機関側に法的責任が認められない事案などにおいては，「……という事態が生じたことを真摯に受け止め」「……について遺憾の意を表する」などとの患者側の心情を酌んだ文言を用いる場合がある。また，「被告は，……という事態が生じないように，今後，再発防止に努め

る」などとの再発防止条項も盛り込む場合もある。

　　さらに，患者側の話を聴いていると，医療機関側の事後の対応の悪さから不信感が生じており，これが和解の妨げとなっていると考えられる事案も少なくないように感じる。このような場合には，結果が生じたことについては責任がないことを前提としつつ，「事後の説明に不適切な点があったことについて謝罪する」などとの条項を入れるなどの工夫も考えられる。
(2)　医療機関側に法的責任が認められない事案においては，医療機関側が判決を求めることも少なくないが，このような場合でも，事案によっては和解による解決がふさわしいと考えられる場合もある。そのような場合には，「原告は，本件について，被告に過失がないことを認める」などとの文言を入れた上で，医療機関側がお見舞金を支払うという内容の和解を勧めることが考えられる。

　　なお，医療機関側からの要望により，秘密保持条項（「当事者双方は，本件及び本和解の内容を，正当な理由がない限り，第三者に公開しない」など）や責任不追及条項（「原告は，本和解により，本件に関する紛争の一切が解決されたことを確認し，被告病院及びその医療従事者に対し，民事，刑事，行政を問わず，責任追及をしないことを約束する」など）を入れることも少なくない。
(3)　産科医療補償制度により患者側に補償金が支払われている事案においては，損害賠償金への充当関係が問題となるため，「原告及び被告は，原告が公益財団法人日本医療機能評価機構の産科医療補償制度により〇〇円の補償金を受領しており，これが損害賠償金に充当されることを相互に確認する」などとの条項を入れる工夫も考えられる。

2　和解勧試の方法

　　医療機関側は，医師賠償責任保険を利用して和解金を支払うことがほとんどであり，医療機関側の代理人としては，和解金の額の根拠等について保険会社に説明を行う必要があることから，和解勧試をするに当たっては，時期にかかわらず，その段階での裁判所の心証をある程度詳しく説明する必要がある。

ケース1

期日間準備（平成27年2月6日）

　左陪席裁判官は，和解期日1の2週間後，当事者双方の代理人に電話連絡をして，意向を確認し，和解金を5000万円とすることについて同意を得た。

　ただ，被告が謝罪条項を設けることには，強く反対することから，原告代理人と協議し，裁判所から書面で原告の心情に配慮した和解勧試をすることで，原告本人を説得することになった。そこで，左陪席裁判官は，和解条項案を当事者双方に送付したところ，当事者双方から，その内容に異存がない旨の回答があった。

平成25年(ワ)第387号　損害賠償請求事件
　　　　　　和解について
　　　　　　　　　　　　　　　　　　Ａ地方裁判所第1民事部
　当裁判所は，これまでの審理の結果，本件事案の性質，特に，原告が被告病院における診療を契機として重大な障害を負い，原告が強い悲憤・愁嘆の念を抱くに至っていることなどの一切の事情を考慮し，被告病院において，今後より安全で質の高い医療が行われることを期待して，原告被告双方に和解勧試をする。

和解期日2（平成27年2月13日）

　事前に調整した和解条項案のとおり和解が成立した。

　　　　　　　　　　　　和解条項

1　被告は，原告に対し，本件和解金として5000万円の支払義務のあることを認める。

2　被告は，原告に対し，前項の金員を平成27年3月31日限り，原告の指定す

る下記銀行口座に振込送金する方法により支払う。ただし，振込手数料は被告の負担とする。

記
　　　　　金融機関：○○銀行　○○支店
　　　　　口座種別：○○預金口座
　　　　　口座番号：○○○○○○○○○○
　　　　　口座名義：○○○○○○○○○○

3　原告は，被告に対するその余の請求を放棄する。
4　原告及び被告は，本件及び本和解の内容について，正当な理由なく第三者に開示しない。
5　原告及び被告は，原告と被告との間には，本件に関し，本和解条項に定めるほか，何らの債権債務のないことを相互に確認する。
6　訴訟費用は各自の負担とする。

ケース2

> **ケース2**
> 被告の開設する病院において未破裂脳動脈瘤に対する開頭クリッピング手術を受けた患者(手術時65歳の女性)が,術後,脳梗塞を生じ,左半身麻痺等の後遺障害が残ったことにつき,適応違反,手技上の注意義務違反及び説明義務違反を主張して,不法行為又は債務不履行に基づき損害賠償を請求するケース

訴　　状

平成23年5月30日

C地方裁判所　民事部　御中

原告訴訟代理人弁護士　○　○　○　○

当事者　別紙当事者目録記載のとおり

損害賠償請求事件

証拠保全の表示　C地方裁判所平成○○年(モ)○○号

第1　請求の趣旨
1　被告は,原告に対し,○○万円及びこれに対する訴状送達の日の翌日から支払済みまで年5分の割合による金員を支払え。
2　訴訟費用は,被告の負担とする。
との判決並びに仮執行宣言を求める。

第2　請求の原因
1　事案の概要
2　当事者
(1)　原告は,後記の医療事故当時65歳の女性である。
(2)　被告は,D病院(以下「被告病院」という。)を開設する学校法人で

ある。
3 事実経過等

原告は，平成18年8月頃，耳が少し聞こえにくいと感じ近医を受診したところ，MRI検査を勧められ，その結果，脳動脈瘤があることが分かり（以下「本件脳動脈瘤」という。），被告病院を紹介された。原告は，同月20日，被告病院を受診し，同年9月，入院して脳血管造影検査を受けた。担当医は，クリッピング手術を強く勧めたが，原告が手術を避けることを希望したため，経過観察をすることになり，定期的に検査を受けることになった。

原告は，平成19年3月，再度MRI検査を受けたところ，担当医から，「動脈瘤の形状が変形してきていて，いつ破裂するか分からない」などと言われて，クリッピング手術を強く勧められ，同手術を受けることにした。

原告は，同年6月，手術を受けるため被告病院に入院し，開頭クリッピング手術（以下「本件手術」という。）を受けた。本件手術において，担当医は，何度も本件脳動脈瘤にクリップをかけ直し，6回目のクリッピングでようやく手術が終了した。しかし，原告は，術後，脳梗塞を生じ，左半身麻痺等の後遺障害が残った。

4 被告の注意義務違反

(1) 適応違反

原告の場合，本件脳動脈瘤は最大径約3mmと小さい。また，原告は，当時65歳であり，その平均余命からしても，外科手術によるメリットは，経過観察のメリットを超えるものではない。したがって，外科手術の適応はなく，経過観察をすべきであった。

(2) 手技上の過失

担当医は，本件手術の際，原告に重大な後遺障害を生じさせない注意義務があるにもかかわらず，術中，何度もクリップのかけ直しをするなど，不適切な手術を実施し，その挙げ句，原告に重大な後遺障害を生じさせた。

(3) 説明義務違反

担当医は，原告に対し，当初からクリッピング手術を何度も強く勧めた

が，その際の説明としては，60歳代なら手術しかない，手術は開頭手術である，後遺症もまれにあるが，手がしびれるくらいで，1％くらいであるなどと述べたのみである。また，担当医は，「動脈瘤の形が変形してきて，いつ破裂するか分からない」，「手術を受けるのは早い方が良い」などと述べて，原告やその家族に十分に熟慮すべき機会を与えなかった。

5 損害
　(1) 治療費……

　(2) 入院雑費……

　(3) 付添看護費……

　(4) 家屋改造費……

　(5) 休業損害……

　(6) 逸失利益……

　(7) 将来付添費……

　(8) 慰謝料……

　(9) 損害合計……

　(10) 弁護士費用……

　(11) 合計額……

第3　まとめ
……

証拠方法

```
1  甲A1号証  診療録
2  甲A2号証  診断書
3  甲C1号証  領収書
  ……
                    附属書類
                     （略）
```

訴え提起（平成23年5月30日）〜第1回口頭弁論期日まで

　C地方裁判所に，上記のような訴状が提出された。同裁判所の民事部は1箇部で，裁判長（同裁判所勤務約2箇月），右陪席（同裁判所勤務約1年2箇月），左陪席（民事経験約2箇月）の3名で構成されており，左陪席裁判官が訴状審査を行った。

（左陪席）

　本格的な医療訴訟が来ました。訴状の内容からすると，合議事件だと思います。ただ，注意義務違反の内容ですが，適応違反についても簡単にしか書いていないし，手技上の過失も，不適切な手術を行い，重大な後遺障害が残ってしまったとしか書いていないので，いったい，どのような手技を問題にしているのか全く分かりません。訴状送達前に補正してもらいますか。

（裁判長）

　確かに後遺障害の発生機序も書いていないし，過失の主張も不十分ですね。手術の内容がよく分からない原告側にとっては，今の段階で手技上の過失を具体的に主張するのは難しいかもしれませんが，適応違反については，医学文献などを調査すれば，もうちょっと具体的に主張できるように思います。原告代理人は，訴え提起前に医学的知見の調査を行っているはずですが。

運営指針第3の1
（判例タイムズ1389号7頁以下）

(左陪席)

　そうなんです。Ｂ号証も何も出ていません。カルテは一応持っているようなのですが……。

(裁判長)

　でも，医療訴訟は，医療機関側に代理人が就いて応訴してくることがほとんどなので，第1回期日前に釈明をして時間を掛けるよりも，審理を始めて，医療機関側の反論を見ながら釈明する方が良いと思います。

(左陪席)

　分かりました。それでは，計算間違いなどもあるようなので，そのあたりだけ，書記官を通じて，急いで補正してもらいます。

(2日後)

(左陪席)

　訴状の補正が終わりました。第1回期日を指定したいと思います。

(裁判長)

　それでは，期日を指定してください。

　その際に，今後の審理の参考にするため，書記官を通じて，原告代理人から，代理人の医療事件を担当した経験の有無，事前交渉の有無や予想される争点，協力医の有無などを聴いておくと良いですね。

　その後，書記官が原告代理人から聴取したところ，①原告代理人はこれまでに医療事件を担当した経験はないこと，②証拠保全後に，内容証明郵便によるやり取りはあったが，医療機関からは責任はないとの回答であり，それ以上のやり取りはなかったこと，③原告に現時点では協力医はいないことが判明した。

書記官による参考事項の聴取（民訴規則61条）
運営指針第3の3⑶（前掲判タ12頁以下）

期日前合議（平成23年7月5日）

(左陪席)

　被告医療機関側から答弁書が出されましたが，棄却を求めるというだけで，認否や医療機関側の主張は記載されていません。第1回期日は欠席ということです。

　書証としては，原告からカルテが提出されていますが，翻訳は付されていません。被告に出してもらうということでよいでしょうか。

(裁判長)

　そうですね。被告に対し，次回期日の1週間前までに，訴状に対する認否や反論，翻訳を付けたカルテ，診療経過一覧表を出してもらいましょう。

　それから，証拠保全についてはどうなっていますか。

(左陪席)

　訴状に，証拠保全事件の表示が記載されています。記録の送付が必要になるので，期日に確認するということでどうでしょうか。　　　　　　　　　　　　　　　　　　民訴規則54条

(裁判長)

　そうしましょう。

　本格的な医療事件になりそうですね。前任庁で医療集中部にいたので，そのときのやり方を取り入れながら，審理の方法を考えてみましょう。当然，この庁の実情に合わない点もあるはずですから，いろいろ工夫をする必要はありそうですが……。

第1回口頭弁論期日（平成23年7月7日）

　原告代理人が出頭し，被告代理人は欠席だった。

　原告代理人は訴状を陳述し，答弁書は擬制陳述された。
　原告代理人が書証として準備していたカルテについては，提出を留保し，被告が翻訳を付したカルテを用意した段階

ケース2

で，それを乙A号証として提出することにした。

（裁判長）
　本件では，カルテを証拠保全で入手したのですね。
（原告代理人）
　そうです。入手してから，カルテの記載を検討したところ，原告の認識とかなり違っていました。カルテは被告に提出してもらうことで構いませんが，証拠保全記録はどのように扱われるのですか。
（裁判長）
　民訴規則によれば，こちらに送付してもらうことになりますが，それでよいですか。 | 民訴規則154条，医療訴訟の実務（商事法務）38頁（実情紹介）
（原告代理人）
　はい，お願いします。
（裁判長）
　それでは，期日間に送付してもらうようにします。次回は，弁論準備手続で行うことにして，私と主任である左陪席裁判官を受命裁判官に指定します。

[期日後]
（左陪席）
　次回までに，被告の側の準備ですね。書記官を通じて連絡をしておきます。
（裁判長）
　そうですね。私のいた医療集中部では，双方代理人と共通認識を作るために次回までの準備事項等を記載した「プロセスカード」を活用していました。調書とは別にプロセスカードを作るのではなく，準備事項等を調書の別紙に記載して，その別紙部分を代理人に送付するという運用をしている部もありましたよ。本件については，そのような工夫をするのもいいですね。書記官室とも相談してみましょう。 | 運営指針第4の1，別紙4及び5（前掲判タ13頁，29頁，30頁）

期日前合議

（左陪席）

　被告から準備書面（「被告の主張の骨子」参照）や医学文献などの書証，診療経過一覧表が出てきました。訴状に対する認否や適応違反，説明義務違反に関する主張は書いてありますが，手技上の過失については，「原告が注意義務違反を具体的に特定した後に主張する」と書いてあるだけです。被告側にある程度主張してもらわないと，よく分からないのですが……。

（裁判長）

　そうですね。確かに，注意義務違反は基本的に原告の側で内容を特定すべきですが，手技上の過失については，最初から原告に特定を求めるのは難しい場合があるかと思います。他方医療機関側は，過失の有無はともかくとして，後遺障害が生じた機序やその原因について何か想定しているものがあるかもしれません。本件では，被告側から先に，具体的な診療経過，特に手術の内容や経過を主張立証してもらうように，期日で話してみましょう。

（被告の主張の骨子）

(1) 診療経過

　　H18.8.20　原告が，「難聴の精査中，MRI検査及びMRA検査で脳動脈瘤と思われる所見を認めた」旨記載された，○○病院の紹介状をもって，被告病院を受診した。

　　9.5　原告は，検査のため被告病院に入院し，脳血管造影検査を受けた。同検査所見では，本件脳動脈瘤は，右中大脳動脈に最大径3mm程度だった。

　　同検査後，担当医が，脳動脈瘤の一般的な手術適応は，70歳以下で動脈瘤の大きさが5mm以上であるこ

と，本件脳動脈瘤の茎部が広いため脳血管内手術は向かないであろうこと等を説明したところ，原告は，経過観察を希望した。

　9.15　原告は，被告病院で外来診察を受け，今後の治療方針について経過観察を希望したので，約6箇月後にMRI検査を行うことにした。

　H19.3.15　原告は，被告病院でMRI検査を受けた。担当医は，原告に対し，本件脳動脈瘤が変形してきて破裂の可能性も出てきたと説明した。

　6.4　原告は，手術のために，被告病院に入院した。担当医は，原告に対し，本件脳動脈瘤の概要，未破裂脳動脈瘤の予後，開頭クリッピング手術の目的及び内容，合併症，他の治療方法等を説明し，手術承諾書が作成された。

　6.5　原告が，開頭クリッピング手術（本件手術）を受けた。

　その後，原告に，左半身麻痺等の障害が生じ，脳梗塞と診断された。

(2)　適応違反

「脳ドックのガイドライン2003」（本件ガイドライン）では，経過観察中，瘤の増大や突出部（ブレブ）の形成が認められた場合には手術的治療を勧めるとされており，本件では，平成18年9月に行った脳血管造影検査により本件脳動脈瘤の大きさが3mm程度であるのが確認されたことから経過観察をすることにしたが，半年後の平成19年3月15日に再度MRI検査を行ったところ，本件脳動脈瘤の形状が変化しているのが確認されたことから，手術的治療が勧められた。また，動脈瘤の大きさが3，4mm付近では，破裂率は年間0.5％程度になるので，原告の年齢や本件脳動脈瘤の大きさからしても手術のメリットがデメリットを上回り，手術適応があった。

また，担当医は，原告に対し，平成18年8月20日の初診時には未破裂脳動脈瘤の一般的な治療方法，脳血管造影検査の目的等を説明し，同年9月5日の脳血管造影検査後には，脳動脈瘤の一般的な手術適応，本件脳動脈瘤が3mm程度であるため一般的には経過観察となること等を説明し，平成19年3月15日のMRI検査後には，本件脳動脈瘤が変形したこと，未破裂脳動脈瘤の破裂率，その際の死亡率，クリッピング手術の際の合併症等について説明しており，原告はそれらの説明を聞いた上で，本件手術を受けることを希望した。

　同年6月4日の入院時にも，担当医は原告に対し，脳動脈瘤の概要，未破裂脳動脈瘤の予後，開頭クリッピング手術の目的及び内容，合併症，他の治療方法等について説明し，原告は本件手術を受けることを希望した。

　このように，原告は担当医から十分な説明を受けた上で，本件手術を受けることを希望した。

(3)　手技上の過失

　否認ないし争う。原告は，原告に後遺障害が発生したことから被告には過失があると主張しているにすぎない。原告は，まず，注意義務違反を具体的に特定されたい。

(4)　説明義務違反

　被告病院の担当医がクリッピング手術を何度も強く勧めた事実はない。担当医は，平成18年9月，原告に対し，疾患の診断内容，外科的治療を行わない場合の利害得失，予後，保存的に経過観察するという選択肢があることを説明しており，これを受けて，原告は現に経過観察を選択している。

　本件手術の際も，担当医は，MRI検査の結果，破裂の可能性が出てきたことを伝える一方，一般的には経過観察となる大きさであることなども伝えて，経過観察の選択肢があることを説明し，また，実施予定の手術の内容や当該

> 手術の合併症として死亡や重大な後遺障害が生ずるおそれがあることを十分に説明した。担当医が，原告に対し，手術しかない，後遺症もまれにはあるが手がしびれるくらいで，1％くらいであるなどと説明した事実はない。

第1回弁論準備手続期日（平成23年9月1日）

（裁判長）
　被告は，準備書面を陳述し，診療録（訳文付き）を乙A1号証，それから「脳ドックのガイドライン2003」の他，文献類をB号証として提出するということですね。そうすると，原告は，訴え提起時に出していたカルテは，提出せず，甲A1は欠番にしておくということでいいですね。

（原告代理人）
　それで構いません。

（裁判長）
　前回，法廷で保全記録の話をしましたが，保全記録は既に送付を受けていますので，お知らせしておきます。ところで，被告代理人，今回の準備書面では，手技上の過失についての具体的な主張が留保されていますね。

（被告代理人）
　はい。注意義務違反に関する主張ですから，まず原告において主張立証すべきだと考えますが，訴状の記載では不十分です。したがって，まずは原告に主張していただきたいと思っています。

（裁判長）
　主張立証責任の所在は，そのとおりですが，医療機関は診療契約の当事者ですから，患者側に対し，診療行為の顛末について報告を行って理解が得られるように努力することが必要だと考えています。医療事件には，専門的知見の偏在という側面もありますし，患者が実際の手術の内容を知らないの

＊便宜上，弁論準備手続期日においても「裁判長」等と記載する。

医療訴訟の実務113頁

「医事関係訴訟における審理手続の現状と課題（上）」

は，ある意味当然ですから，医療機関側は，まず，自らが想定しているストーリーを示していただきたいところです。そのような観点から，被告の側で，まず，診療行為，特に手術の経過，内容に関する主張立証をしていただけませんか。もちろんそれを踏まえて，その次は，原告の方で，注意義務違反の特定をする必要があると思います。
(被告代理人)
　分かりました。そういうことであれば，次回までに準備します。
(裁判長)
　それでは，次回期日の1週間前までに，被告は，診療行為の経過，内容についての主張立証を，原告は，適応違反，説明義務違反に関する反論と，診療経過一覧表の確認をお願いします。

期日後
(右陪席)
　どうでしたか。
(裁判長)
　被告の方から，手術の顛末について具体的な主張をしてもらうことになりました。
　被告代理人も初めから，裁判所にはそのように言われると分かっていたような感じでしたね。訴状の記載が不十分なので，それをはっきりさせるためにあえて留保したのかもしれません。
(左陪席)
　その後原告側は，文献の調査はしているのでしょうか。
(裁判長)
　う〜ん。次回は原告側にもしっかりやるように話すことにしましょう。
(左陪席)

(判例タイムズ1330号8頁)

＊以下においては，診療経過一覧表に関する記載は省略する。診療経過一覧表の作成や利用に関する詳細は，ケース1を参照。

それから，今回，被告はガイドラインに基づいて主張していますが，ガイドラインとはどのような文献なのですか。
(裁判長)
　診療ガイドラインというのは，学会などが主体となって作成した臨床医向けの標準的な診療方法の指針のことです。疾患によってはガイドラインがないこともありますが，ガイドラインのある疾患では，医療水準を認定する際，参考になります。ただ，ガイドラインの証拠価値は様々ですし，証拠価値の高いガイドラインであっても，あくまでも標準的な診療方法を定めたものですから，それと異なる診療方法を選択したとしても，直ちに問題があるとはいえないことに留意する必要があります。
(左陪席)
　本件で問題になっている脳動脈瘤の手術適応については，ガイドラインにとても詳細に書いてありますね。私も読んで勉強しておきます。

運営指針第4の3(2)イ(イ)（前掲判タ17頁)

Column ⑦（診療ガイドライン）
　診療ガイドラインとは，「診療上の重要度の高い医療行為について，エビデンスのシステマティックレビューとその総体評価，益と害のバランスなどを考量して，患者と医療者の意思決定を支援するために最適と考えられる推奨を提示する文書」(福井次矢・山口直人監修「Minds　診療ガイドライン作成の手引き2014」（医学書院））である（注1）。診療ガイドラインは，EBM（Evidence-based　Medicine）に則って作成されており，エビデンスが収集・評価され，推奨文（推奨される診療内容）ごとに，推奨度（推奨の強さ）が提示されている。ここでいうエビデンスとは，疫学的・統計学的な臨床実験に基づく科学的な根拠を意味しており（注2），一般に信頼性の高い臨床実験の結果が存在するものほどエビデンスレベルは高くなる。
　診療ガイドラインは，それが標準的な診療内容の指針を示すものであるため，医療事件において，証拠として提出され，医学水準を認定する上で参考と

されることが多い。診療ガイドラインが援用される場面として，①患者側が，診療ガイドラインと異なる診療行為について注意義務違反を主張する場合，②医療機関側が，診療ガイドラインに従った診療行為について注意義務違反がないと主張する場合などがある。もっとも，診療ガイドラインとは異なる診療行為が行われたとしても，それが直ちに注意義務違反に当たるということはできず，診療ガイドラインの想定する患者の病状と実際の患者の病状が異なれば，むしろ，異なる診療行為の方が適切である場合なども存在するため，上記①，②の場合であっても，診療ガイドラインの推奨文だけに着目するのではなく，推奨文に関する説明からその趣旨を十分に踏まえた上で，他の医学文献等も参照しながら，争いのある診療行為の合理性の有無を総合的に検討する必要がある。

なお，診療ガイドラインが証拠として提出された場合には，診療ガイドラインの作成主体，作成目的，推奨度，エビデンスレベルに関する説明等が記載された冒頭部分を併せて提出するよう促すべきである。

(注1) 米国医学研究所 (Institute of Medicine) (2011年) によると，診療ガイドラインの定義は「エビデンスのシステマティック・レビューに基づき，患者ケアの最適化を目的とする推奨を含む文書」である。

(注2) 臨床研究論文の結論や所見の意味でも用いられる（最新裁判実務大系2「医療訴訟」（青林書院）304頁）。

第2回弁論準備手続期日（平成23年11月1日）

（裁判長）

原告は，準備書面（説明義務違反）を陳述。被告は，準備書面（具体的な手術の経過や内容等が記載されたもの）を陳述，併せて，文献等をB号証で提出ですね。

被告の主張の骨子は，
「本件脳動脈瘤の先端部に剥離困難な細い穿通枝が癒着しており，脳動脈瘤の茎部の裏側にも2本の穿通枝が存在していたため，脳動脈瘤の茎部を残すことなく，かつ，全ての穿通枝を温存してクリップをかけることは非常に困難であった」，

「最初にクリップをかけた後，脳動脈瘤の茎部の裏側の穿通枝と先端部側の穿通枝を肉眼で観察したところ，穿通枝の閉塞や血流不足が疑われ（ただし，穿通枝を挟んだという事実は否認する。），また，脳動脈瘤茎部（真っ赤な部分）のクリップが完全にはかかっていないと判断されたことから，クリップを外し，クリップをかけ直すことを繰り返した。最終的には6回のかけ直しにより，穿通枝を閉塞せずにクリッピングすることができた。」ということですね。

次に，説明義務違反の点ですが，原告の準備書面に，被告の主張に対する認否や反論はあるのですが，担当医はどのような説明をすべきであったか，すなわち説明義務の内容と，実際にどのような説明があったか，すなわち説明義務違反の態様とが混在していて，分かりにくいので，その点を整理してもらえませんか。それから，適応違反については，反論がないようですが，どのような予定ですか。

（原告代理人）

　適応違反について反論を準備しているところですが，医学文献の整理が未了で間に合いませんでした。次回までには準備します。併せて説明義務違反の点も整理します。

（裁判長）

　適応違反の点も，手技上の過失の点も，医学的知見に基づき主張する必要があります。原告側で，協力医に相談することはやはり難しいのでしょうか。

（原告代理人）

　はい。原告から相談を受けた段階で，医師の協力を得られないか当たってみたのですが，なかなか協力してくれる医師は見つかりませんでした。これまでも，医療訴訟で患者側に医師が協力してくれるというのはなかったように思います。それで，代理人の方でコツコツと文献に当たって検討しているところです。

（裁判長）

分かりました。では，代理人の方で引き続き検討をお願いします。前回，被告からはガイドラインが提出され，それに基づいて手術適応の有無が主張されていますので，それが参考になるのではないでしょうか。

それでは，原告は，次回の1週間前までに，適応義務違反の反論，手技上の過失についての主張，説明義務違反の整理をしてください。

(原告代理人)

分かりました。

期日前合議
(左陪席)

原告から準備書面（「原告の主張の骨子」参照）が出ました。

(原告の主張の骨子)
(1) 適応違反

以下のとおり，本件手術の当時，原告の状態は，通常であればクリッピング手術を勧めないものであったから，手術の必要性がそれほど高くないことも含めて十分に説明した上で，原告が強く手術を望む場合にのみクリッピング手術の適応があるものであったところ，被告はそのような説明を行うことなく，クリッピング手術を勧め，本件手術を行った。

本件ガイドラインでは，無症候性未破裂脳動脈瘤について，最大径5mm前後より大きく，年齢がほぼ70歳以下で，その他の条件が治療を妨げない場合は，手術的治療が勧められるとあるが，本件脳動脈瘤は3mmであり，積極的に手術的治療を勧める症例ではなかった。また，平成18年9月5日の脳血管造影検査において確認された脳動脈

瘤と平成19年3月15日のMRI検査により確認された脳動脈瘤とは特段の変化はなく，破裂の危険が増したともいえない。

(2) 手技上の過失

前回の被告の主張を踏まえ，①穿通枝を挟まないようにする義務があったのに，最初のクリッピング時に穿通枝を一緒に挟み閉塞させた，②穿通枝を一緒に挟んでしまった後，内視鏡下で分枝や穿通枝を確認すべきであった，③ドップラー血流計でクリッピング前後の分枝や穿通枝の血流に変化がないことを確認すべきであった，④インドシアニングリーンなどの蛍光色素を注入して，顕微鏡下で穿通枝などの血流を確認するなどの措置を行うべきであったのに，肉眼での観察しかしなかった，⑤血管拡張薬である塩酸パパベリン溶液で狭窄血管を浸すべきであったと主張する。

(3) 説明義務違反

担当医は，原告に対し，①本件ガイドラインによれば，本件脳動脈瘤は一般的には経過観察が勧められる症例であることを説明すべきであったのに，手術的治療が勧められると説明した，②本件手術には，合併症として死亡1％，後遺障害5％の危険性があることを説明すべきであったのに，後遺症として手がしびれるくらいで，その発生頻度についても1％程度と説明した。なお，原告は，カルテに記載されているような説明は受けておらず，説明に関するカルテの記載は偽造されたものである。

(左陪席)

ようやく医学的知見に基づいた適応違反の主張がされ，B号証も提出されました。本件ガイドラインに照らしても，原告の場合，手術適応がなかったと主張するようです。また，

この点に関連して，被告が「本件脳動脈瘤の形状が変化しているのが確認された」としていることについて，具体的に主張するよう求めています。

手技上の過失については，過失の内容が特定されましたが，今度は手技上の過失だけで５つも主張されています。提出されたＢ号証によれば，症例報告はあるようですが，これだけで過失といえるのかどうか……。

（裁判長）

適応違反では，平成18年９月の時点では経過観察を選択しているのですから，平成19年３月時点のMRI検査画像で本件脳動脈瘤に変形が認められるかどうかが重要な争点になりそうですね。被告には，変形について具体的に説明してもらう必要があると思います。

手技上の過失については，過失の内容は特定されましたが，準備書面の記載からすると，原告代理人としても問題点を絞り切れていないのかもしれません。いずれ，結果との因果関係を踏まえて，過失の内容を整理することになるかもしれませんが，この点は，被告の反論を待って，また検討することにしましょう。

説明義務違反についてはどうですか。

（左陪席）

説明義務違反については，説明義務と説明内容とは区別されていますが，今度は，カルテの偽造の主張に発展したようです。でも，偽造と主張する根拠は特に書いていなくて，原告が聞いていないことを書いてあるから「偽造」というにとどまるようです。

（裁判長）

「偽造」については，何か根拠があるなら補充してもらえばいいですね。

ケース2

第3回弁論準備手続期日（平成24年1月13日）

（裁判長）

　原告は，準備書面を陳述，書証を提出ということでよいですね。

（原告代理人）

　はい。

（裁判長）

　原告は，今回の準備書面で，カルテの偽造を主張していますが，原告が聞いていないと言っているということの他に，偽造を根拠付けるものはありますか。あるのであれば，それを明確にしてください。

（原告代理人）

　はい。次回までに検討します。

（裁判長）

　被告の方では，まず，適応違反と手技上の過失の点について，反論してください。偽造の主張については，原告の補充を踏まえて検討してください。

（被告代理人）

　分かりました。

（裁判長）

　では，双方とも，次回の1週間前までの準備をお願いします。

期日前合議

（左陪席）

　被告から準備書面（「被告の主張の骨子」参照）と書証が提出されました。被告は，脳動脈瘤の変形について，平成18年9月と平成19年3月の画像の脳動脈瘤にマーキングをして，両者の形状を比較しています。

(被告の主張の骨子)
(1) 適応違反について

　本件脳動脈瘤は，平成18年9月5日の脳血管撮影の画像では，円形であったのに対し，平成19年3月15日に施行したMRI検査の画像では，平成18年9月5日の脳血管撮影の画像と比較すると，その先端部が尖った形に変形していることが分かる。

　本件ガイドラインでは，5mm以下の大きさの脳動脈瘤でも，突出部（ブレブ）の形成が認められる場合には破裂の可能性が高まるため，手術的治療が勧められるとされている。

(2) 手技上の過失について

　本件脳動脈瘤は，全ての穿通枝を温存してクリップをかけるのが困難な症例であった。担当医が，最初にクリップをかけた際に穿通枝を閉塞させた事実はないが，最初にクリップをかけた後，穿通枝を肉眼で観察したところ，穿通枝の閉塞及び血流不良が疑われたことから，担当医は，クリップのかけ直しをし，最終的に穿通枝を閉塞することなくクリップをかけることができた。この点は，手術映像からも明らかであり，担当医の手技に何ら問題はない。

　また，当時，被告病院のドップラー血流計では，穿通枝の血流を正確に確認することは困難であったし，インドシアニングリーンは，海外での使用経験が報告されている程度で，一般的な検査方法ではないため，これらを実施すべき義務はない。なお，担当医は，6回目のクリッピングの後，念のため塩酸パパベリン溶液を使用している。

(左陪席)

　また，原告からも，カルテの偽造について準備書面（「原告の主張の骨子」参照）が提出されました。

ケース2

> （原告の主張の骨子）
> 　カルテには，本件手術の説明内容とされる記載が存在するが，他のカルテ記載と比較しても不自然なほどに整った字体で記載されている上，内容も理路整然としていること，他方，手術同意書では説明内容に関しては簡単な記載しかないことからすると，説明に関するカルテの記載は偽造されたものである。

（裁判長）
　手技上の過失については，まず，最初のクリッピングの際に穿通枝を閉塞させたかどうかが問題になりそうですね。
（左陪席）
　被告は，穿通枝を閉塞させていないと主張していますが，担当医は6回目のクリッピングの後には塩酸パパベリン溶液を使用していますし，術後に脳梗塞が生じたのも事実ですから……。穿通枝を閉塞させていないとすると脳梗塞が生じた原因は何なのでしょうか。
（右陪席）
　ところで，今回の被告の準備書面では，手術映像のことが触れてあるようですが，証拠として提出されているのですか。
（左陪席）
　いえ。映像の一部が写真で出てはいますが，手術映像自体の提出はありません。
（裁判長）
　本件では，穿通枝を一緒に挟んだかどうかが争われていますから，実際の手術場面を見るのが良いかもしれませんね。被告には，手術映像の提出を指示し，併せて脳梗塞が生じた機序に関する主張をするよう指示しましょう。
　本件では，検査画像の読影や手術映像の評価が問題になり

そうです。そうすると，医学文献による立証では限界があるかもしれませんね。前にいた庁では，そのような事案では，協力医からの意見書が提出されていましたが，当庁では，どうですか。
（右陪席）
　私がこちらに来てから，意見書が出たことはありません。本件でも，原告には協力医がいないということですから，原告からの意見書の提出はないと思いますが，医療機関側も，提出しないのではないですか。
（左陪席）
　東京などでは意見書がよく出ると聞きますね。
（裁判長）
　そうですね。でも全国的に見ると，意見書が提出される庁は多くはないようです。それに，意見書は出すけど，作成者の名前は出せないというような場合もありますしね。
（左陪席）
　えっ！　名前が書いていないのですか。
（裁判長）
　そうです。協力医が，意見書は作成するけど，匿名を希望する場合があるようです。
（左陪席）
　そういう場合，どのように取り扱うのですか。
（裁判長）
　作成者が不明だと，形式的証拠力にも疑義が生じますので，意見書そのものを出すのではなく，代理人名義の報告書として提出してもらうことが多かったように思います。ただ，その場合でも，証拠としての価値は限定的なものにならざるを得ません。そのため，協力医が依拠する医学文献を提出させ，それに即した主張をするように促したこともあります。この方法によっても，医療機関側に反論を促す契機にはなりますので，試してみる価値はあるようですよ。

運営指針第4の3(2)ウ（前掲判タ18頁）

いずれにせよ，本件では意見書が提出されることはなさそうなので，「匿名」の心配もないですが，代わりに，どのようにして医学的知見を得るかが問題ですね。

第4回弁論準備手続期日（平成24年3月6日）

（裁判長）
　被告の準備書面の陳述と，乙号証の提出ということですね。
（被告代理人）
　はい。
（裁判長）
　適応違反について，被告から主張が補充されましたが，本件脳動脈瘤の変形の有無が重要な争点ということになりますね。
（原告代理人）
　はい。原告の側で，変形の有無についてさらに反論したいと思います。
（裁判長）
　手技上の過失について，被告は，穿通枝を閉塞させていないとの主張ですが，その場合，術後脳梗塞を生じた原因については，どのようなことが考えられるのでしょうか。被告は，この点について，主張を補充してください。また，被告の準備書面によれば，本件手術の映像記録が存在するようですから，これを証拠として提出し，これを用いて穿通枝の閉塞の有無について説明していただけませんか。それらを踏まえて原告に反論してもらうことを考えています。
（被告代理人）
　手術の映像記録は，訴訟対策で撮影しているわけではないのですが，裁判所が必要ということであれば提出を検討します。脳梗塞の発生機序に関しても次回までに主張します。
（裁判長）

説明義務違反についても，被告において，カルテ記載について主張するということでよいですか。
(被告代理人)
それで結構です。

[期日後]
(左陪席)
手術映像の件ですが，医療機関側で持っているのであれば，もっと早いうちに出るものかと思っていました。
(右陪席)
被告代理人が言うように，もともと手術映像は，医療上の必要性の観点から撮影するもので，訴訟対策を目的として撮影するものではないし，争点がある程度明確にならないと，提出する必要があるかも分からないですよね。少なくとも「当然に提出する」というものではないのでしょう。

[期日前合議]
(左陪席)
双方から準備書面(「原告の主張の骨子」，「被告の主張の骨子」参照)が出てきています。被告から手術のDVDも提出されました。

(原告の主張の骨子)
各画像を比較しても，破裂の危険があるといえるほどの変形を確認することはできない。また，各画像は撮影機種等が異なるため，これらを比較することにより脳動脈瘤の形状の変化の有無を確認するのは困難である。

(被告の主張の骨子)

(1) 手技上の過失について

　最初にクリップをかけ，それを解除したのは，手術映像上のタイマーで〇時〇分〇秒から〇時〇分〇秒までの間であるが，その間に穿通枝の閉塞を疑わせる場面は存在しない。その他のクリッピングについても同様である。

　術中に穿通枝が閉塞されていないにもかかわらず，術後，脳梗塞が生じた原因としては，本件が困難な症例であり，術中に6回にわたりクリッピング操作がされたことによる影響や，閉頭後の脳の戻りなどによるクリップの移動によって穿通枝が圧迫，閉塞されたことが考えられる。

(2) 説明義務違反について

　担当医は説明に関するカルテの記載を本件手術後にしたが，記憶が鮮明な段階で記載したのであるから，担当医が，カルテの記載のとおりに説明をしていることは明らかである。

(裁判長)

　主張はおおむねそろってきましたね。あとは，手技上の過失について被告の主張を踏まえて原告が反論することになりそうですが，手術のDVDは見ましたか。

(左陪席)

　はい。見るには見たのですが，問題となる映像がどれなのか正直よく分かりません。それに，すごく長いです。原告からも，手術映像について求釈明書が出ています。

(裁判長)

　そうすると，DVDを見てすぐに原告が主張するというのも難しいかもしれませんね。

第5回弁論準備手続期日（平成24年4月17日）

(裁判長)

まず，被告の準備書面を陳述でよいですね。それから，原告も準備書面を陳述ですね。
(双方代理人)
　はい。
(裁判長)
　そして，被告は，手術のDVDを乙A号証で提出ですね。原告代理人からは，手術映像について求釈明書が出されていますが，どのような趣旨でしょうか。
(原告代理人)
　DVDを見たのですが，どの部分がどの場面なのか説明がないと何とも分かりづらくて……。塩酸パパベリン溶液の使用も何分何秒頃の画像なのか特定してもらいたいのですが。
(裁判長)
　裁判所でも映像を確認したのですが，なかなか難しいようですね。まず被告の方で，手術映像の中で，ポイントになると思われる場面の静止画像に説明を加えた報告書を作成してもらえませんか。
(被告代理人)
　分かりました。準備します。
(裁判長)
　その上で，次回期日に，担当医がその報告書に基づいて映像を再生しながら，手術の経過を説明してくれると理解が進むと思うのですが。
(被告代理人)
　担当医を弁論準備手続期日に呼ぶのですか。
(裁判長)
　ええ。そのようにして医師に説明してもらえると，被告の主張が大変理解しやすいと思います。実際に，そのような説明会を開いている庁もあるようですよ。
(被告代理人)
　しかし，期日で説明をする場合，当然，その場で裁判所や

「医事関係訴訟における審理手続の現状と課題（上）」
（前掲判タ23頁）

ケース2

原告代理人からの質問も受けることになるわけで，本件のように，原告の主張も最終的な整理はできていない中で，探索的に質問されるというのは了解できません。
(裁判長)
　それでは，担当医ではなく，代理人が説明をするというのではどうですか。
(被告代理人)
　私も担当医から説明を受けた上で書面を作成しているのですから，その範囲で説明をすることはやぶさかではありません。
(裁判長)
　では，次回期日に，代理人に手術映像の説明をしてもらうことにします。

期日後
(裁判長)
　さすがに被告代理人は，医師を連れてくることは了解しなかったね。
(左陪席)
　私も，医師が来てくれたら，尋問よりも分かりやすいのではと思ったのですが，ダメでしたね。
(裁判長)
　まぁ，先ほどはいきなり提案しましたし，弁論準備手続期日に担当医が出席するのは余りないことでしょうから，仕方がないですね。
(左陪席)
　実施している庁は，いったいどのようにして医療機関側の了解を得ているのでしょう。
(裁判長)
　また，協議会などで教えてもらうといいですね。
(左陪席)

＊争点整理の段階で，担当医が手術経過について説明をしておくことが，早期の事案解明，解決に資するということを強調したり，原告代理人等から自由に質問させるのではなく，手術映像に即した手術経過の説

ところで，次回期日の被告代理人の説明は記録に残るのですか。
(裁判長)
担当医が説明を行うような場合には，それを録画して調書に添付するというようなこともあるように聞きましたが，今回は，代理人が準備書面や書証の補足として説明を行うので，そこまでの必要はないでしょう。特に必要な事項があれば調書に記載するというのはどうでしょう。
(左陪席)
そうすると，期日前に，担当書記官ともよく打合せをしておいた方がいいですね。

第6回弁論準備手続期日（平成24年5月30日）

被告から，別途作成した静止画像報告書が，乙A号証として提出された。

弁論準備手続期日において，手術映像を再生し，被告代理人が，上記報告書と準備書面について説明を行った。

裁判所から原告代理人に対し，被告代理人による手術経過の説明を参考にして，過失の内容を可能な限り特定するとともに，複数の過失の中で，医療水準の立証ができるものや結果との間に因果関係があるものに焦点を絞る必要があることを伝え，次回期日までに，原告において，手技上の過失の主張を整理することになった。

期日後

(左陪席)
今日の説明は分かりやすかったですね。これで，手技上の過失についても主張が整理できますね。
(裁判長)
被告側には，手術内容についてきちんと説明をしてもらったので，あとは今日の説明も踏まえて原告側で主張を整理し

明という限度で裁判所から尋ねるなど，説明を求める範囲や方法を明確にして説得することが考えられる。

＊いわゆる説明会を開催する場合に

てもらうしかないですね。ところで，尋問前の合議の際には，今日の被告代理人の説明を，立ち会っていなかった右陪席に分かるように再現してくださいね。
(左陪席)
　そうですね。右陪席に説明しないといけませんね。忘れないうちに，メモを起こしておきます。
　それから，本件は，主張が変遷したりしたので，主張整理案を作成した方がいいと思いますが，どのような方法で作りましょうか。
(裁判長)
　よい心がけですね（笑）。

　左陪席と裁判長は，今後の審理予定について話し合い，本件では，鑑定を行い，判決に至る可能性が多分にあることを考慮し，裁判所が原案を作る形で主張（争点）整理案を作成することにした。

は，受命決定を取り消した上，合議体全員が期日に参加することが多いように思われる。本ケースでは，被告代理人の説明にとどまることから，右陪席は出席しないままとした。

期日前合議
(左陪席)
　原告から準備書面が出ました。
　手技上の過失について，①最初のクリッピングの位置は，茎部に深くかかり過ぎており，茎部の裏側にある穿通枝を挟む危険性が高かったのであるから，担当医は，より浅い位置でクリッピングをすべきであった，②最初のクリッピングの際，担当医は，穿通枝を挟んだことを認識し，又は認識し得たのであるから，穿通枝の血流を確保するため，速やかにクリップを外し，血管拡張薬である塩酸パパベリン溶液を使用して血管の拡張を図るべきであったのにこれを怠った，③最後（6回目）のクリッピングの際にも同様に，担当医は，穿通枝を挟んだことを認識し，又は認識し得たのであるから，穿通枝の血流を確保するため，速やかにクリップを外し，塩

酸パパベリン溶液を使用して血管の拡張を図るべきであったのにこれを怠ったという主張になっています。
(裁判長)
　それでは，その主張が最終的なものとして進めればよいですね。
(左陪席)
　主張の整理ができたところで，今後の進行はどうしましょうか。このまま人証調べに進むということでしょうか。
(裁判長)
　医療訴訟では，弁論準備手続の終盤で，暫定的な心証を示した上で和解を試みることも多いですよ。実際，多くの事件が尋問前の和解で終了しているようです。でも，本件では適応違反や手技上の過失について，検査画像の読影や手術映像の評価に関する医学的知見がはっきりしていませんから，現段階で裁判所から心証を開示するのは難しいですね。

第7回弁論準備手続期日（平成24年7月10日）

(裁判長)
　原告は，準備書面を陳述するということでいいですね。
(原告代理人)
　はい。
(裁判長)
　今回，手技上の過失が3点に整理されていますが，手技上の過失については基本的にこの3点を主張されるということでよろしいですか。
(原告代理人)
　はい。ただ，本人との関係もありますから，他の主張についても撤回することは難しいです。
(被告代理人)
　被告としては，今回の原告の主張に対しては，一度反論したいと考えています。

(裁判長)

それでは，次回までに，被告の方で反論することにして，その間に主張（争点）整理案を作成したいと思います。作成方法には，代理人方に主張の骨子をまとめてもらう方法やいわゆる穴埋め方式などいろいろありますが，今回は，裁判所の方で原案を作成したいと思います。次の被告の主張も書き加えて，次回期日には原案をお渡しします。

それから，その後はどうしましょうか。そのまま人証調べに進みますか。それともこの段階で和解の機会を持ちますか。

(原告代理人)

原告としては，やはり担当医の尋問は欠かせないと思っています。また，本件では鑑定が必要かもしれないとも思っていて，原告や家族と相談しています。ですから，まずは人証調べを行うことを希望します。

(被告代理人)

鑑定の申立ては予定していませんが，人証調べを行うことについては，被告としてもそれで構いません。

(裁判長)

では，陳述書の作成などの準備も始めてください。

(双方代理人)

分かりました。

期日前合議

(左陪席)

被告から準備書面が提出されました。

①そもそも，担当医が本件手術のクリッピングで穿通枝を一緒に挟んだことはないし，最初のクリッピングの位置は，脳動脈瘤を完全に閉塞させることを考えれば適切であった，②最初のクリッピングの後，僅か2分でクリッピングを解除し，③最後（6回目）のクリッピングの後も，血流確保のた

め，念のために塩酸パパベリン溶液を使用しただけであり，穿通枝を一緒に挟んではおらず，したがって過失はないということです。

主張整理案にその部分を書き足して用意します。

（裁判長）

そうですね。当日には渡せるように準備しておいてください。本来は期日前に代理人に送付するところですが，今回は初めてでもあるので，代理人に直接渡すようにしましょう。

平成23年（ワ）第○○号　損害賠償請求事件

原告　○○

被告　△△

　　　　　　　主　張　整　理　案
　　　　　　　　　　　平成24年9月10日裁判所案作成

第1　請求

　被告は，原告に対し，○○万円及びこれに対する平成23年○月○日から支払済みまで年5分の割合による金員を支払え。

第2　事案の概要

　本件は，原告が，被告が開設するD病院において，同病院の勤務医（担当医）の執刀で，平成19年6月5日，開頭術による無症候性未破裂脳動脈瘤のクリッピング手術（本件手術）を受けたが，その後，左半身麻痺等の障害が生じたことについて，担当医に注意義務違反があったとして，原告が，被告に対し，不法行為又は債務不履行に基づき，損害賠償金○○万円及びこれに対する平成23年○月○日（訴訟送達の日の翌日）から支払済みまで年5分の割合による遅延損害金の支払を求める事案である。（ケースの冒頭参照）

　1　前提事実（以下の事実は当事者間に争いがない。）

　(1)　当事者

　　ア　原告は，……。

　　イ　被告は，……。

　(2)　被告病院における診療経過

……
2 争点及びこれに対する当事者の主張
(1) 結果の発生機序（争点１）
（原告の主張）

本件手術中，１回目のクリッピングの際に，穿通枝１及び同２を一緒に挟み２分程度そのままの状態にしたこと，又は，６回目のクリッピングの際に，穿通枝１を挟み，同２の出口をクリップで圧迫したことにより，これらの穿通枝に血流障害が生じ，原告に脳梗塞が生じ，左半身麻痺等の後遺障害が残った。

（被告の主張）

否認又は争う。

担当医が，本件手術中，クリップで穿通枝１及び同２を一緒に挟んだことはない。なお，担当医は，６回目のクリッピングの際，穿通枝１及び同２に閉塞がないことを確認している。

(2) 適応上の義務違反の有無（争点２）
（原告の主張）

次のアからウまでによれば，本件手術当時，原告は，通常であればクリッピング手術を勧めない状態にあったのであり，手術の必要性が高くないことも含めて十分な説明をし，それでも原告が強く手術を望む場合にのみクリッピング手術の適応があるのに，担当医は，十分な説明をせずに，本件手術を実施した。

ア 日本脳ドック学会「脳ドックのガイドライン2003」（本件ガイドライン）では，……とされているところ，本件脳動脈瘤は，大きさは約３mm，部位は未破裂で見つかることの多い中大脳動脈で，形状も特別なものではなかった。

イ ３mm程度の脳動脈瘤の年間破裂率は……。

ウ 被告は，平成18年９月の画像と平成19年３月のそれを比較すると，本件脳動脈瘤の形状が変化していると主張するが，各画像は撮影機種等が異なるため，これらを比較することにより脳動脈瘤の形状の変化の有無を確認するのは困難である。

（被告の主張）

次のア及びイによれば，本件手術当時，原告にはクリッピング手術の適応があった。

ア　本件ガイドラインでは，……とされているところ，平成18年9月に脳血管撮影を行い，その約半年後の平成19年3月にMRI検査を行った結果，本件脳動脈瘤の形状が変化してきているのが確認された。

　イ　担当医は，原告に対し，初診時に……を，同年9月の脳血管撮影後には，……を，平成19年3月のMRI検査後には，本件脳動脈瘤の形状が変化してきていることを説明し，併せて未破裂脳動脈瘤の破裂率，その際の死亡率，クリッピング手術の際の合併症等について説明し，さらに，入院時にも，……について説明した。そして，原告は，上記の説明を受けてクリッピング手術を受けることを希望した。

(3)　手技上の過失の有無（争点3）
　……
(4)　説明義務違反の有無（争点4）
　……
(5)　因果関係の有無（争点5）
　……
(6)　損害（争点6）
　……

以　上

第8回弁論準備手続期日（平成24年9月10日）

（裁判長）

　被告は準備書面を陳述ですね。

（被告代理人）

　はい。陳述します。

（裁判長）

　前回お話しした主張整理案をお渡しします。双方の主張の骨子をまとめたものですので，期日後，主張整理案のデータをメールで送りますので，確認の上，訂正すべき点があれば，加削して提出してください。

　それから，これも前回お話ししていましたように，人証調

＊裁判体により，主張整理案の交付方法も様々であり，紙媒体で代理人に交付し，訂正

べの準備をお願いします。次回期日の1週間前までには，人証申請書と陳述書を提出してください。
(原告代理人)
　はい。その予定です。原告の側では，原告本人は無理なので，同居の家族であり，一緒に説明を受けた長女を申請することを考えています。
(被告代理人)
　こちらは，担当医を申請します。
(原告代理人)
　それから，期日間に原告本人や家族とも協議したのですが，やはり尋問実施後に鑑定の申立てをすることになると思います。
(裁判長)
　鑑定ということになれば，原告に鑑定費用の予納をお願いすることになりますが，その点は大丈夫ですか。
(原告代理人)
　はい。その点も説明しましたが，原告本人や長女は，本件の真相を明らかにしたいという思いが強いようです。
(被告代理人)
　被告としては，本件で鑑定の必要性があるのか疑問ですが。
(裁判長)
　鑑定の採否については，尋問実施後に改めて検討しましょう。まずは，先ほど申し上げたとおり，人証調べの準備をお願いします。次回，人証調べの日程を決めましょう。

期日後

(左陪席)
　鑑定になりそうですね。鑑定をするなら，カンファレンス鑑定をしてみるのはどうでしょうか。
(裁判長)

すべき部分がある場合には書面で指摘してもらうという運用もある(ケース1参照)。

管内の基幹病院がとても少ないですし,これまで弁護士会と協議もしていないので,難しいですね。現実的な選択としては,単独か又は複数の書面鑑定というところかと思います。それに,書面鑑定にも,確たる根拠,文献に基づいて意見を述べてもらうことにより質が担保されるというメリットもありますよ。いずれにせよ,鑑定をするのであれば,鑑定人の選任や鑑定資料の選択等,いろいろ検討することがありますので,当庁の従前の例を調べておいてください。
(左陪席)
　分かりました。

期日前合議
(左陪席)
　双方から,主張整理案に対して,意見が出されました。細かな書込みはありますが,おおむね原案のとおりです。
　陳述書,人証申請書も出ていますので,次回で弁論準備手続は終結できそうです。
(裁判長)
　今回は,改訂したものを事前に送り返したいですね。反映させない部分については,事前に理由を連絡しておくと,当日スムーズに進むのではないかと思います。まず,改訂版を作ってみてください。
　それから,医療訴訟の人証調べでは,シャウカステンなどを法廷に用意しておく場合がありますから,弁論準備手続終結に当たって,確認しておいた方がよいことをメモにまとめてみてください。
(左陪席)
　分かりました。例えば,弁論準備手続のときのように,DVDを再生する必要があるか,とかですよね。まずは,思い付くことを書き出してみます。

第9回弁論準備手続期日（平成24年10月30日）

（裁判長）

　双方から，人証申請書などを出してもらっていますが，先に主張整理案の方から始めたいと思います。事前に，改訂版をお送りしましたがどうでしょうか。

（被告代理人）

　被告の方は，特にこれで構いません。

（原告代理人）

　原告の方も，大きな問題はないと思っていますが，もう少ししっかり確認したいと思っていますので，今回の調書に添付するのは見合わせていただきたいと思っています。

（裁判長）

　それは構いませんが，せっかくここまで作っていますので，できれば，次回の弁論の際には，調書添付するようにしたいと思っています。もし何かご指摘がある場合には，2週間を目途にご連絡いただくということでどうでしょうか。

（原告代理人）

　はい。それで大丈夫です。

（裁判長）

　では次に，人証の関係ですが，まず，原告は，この前お話があったとおり，長女の方を申請して，陳述書を提出するということですね。尋問時間の予定は，主尋問が30分ですね。反対尋問の予定はどのくらいですか。

（被告代理人）

　同程度お願いします。

（裁判長）

　被告も，担当医の陳述書を提出ですね。それから尋問時間の予定は，主尋問が60分ですね。本件は，手技について尋問をすることになるので，その程度は必要かもしれませんね。反対尋問の予定はどのくらいですか。

（原告代理人）

80分は欲しいです。それから，やはり手術映像を再生して尋問をしたいと思っているのですが，どうでしょうか。
(裁判長)
 どのように尋問をする予定ですか。
(原告代理人)
 手術映像を再生しながら，適宜止めて，尋問することを考えていたのですが……。
(裁判長)
 しかし，映像自体はかなり長いものですし，原告代理人の言う方法では，逆に供述が途切れ途切れになって分かりにくいのではないですか。調書にも，例えば，手術のDVDの何分何秒を示して質問し，その答えは何々であると記載することになるのでしょうか。調書作成も工夫が要りそうです。本件ではむしろ，原告側で調書に添付する静止画像を用意し，これを示して尋問する方が分かりやすいのではないですか。
(原告代理人)
 確かにそれはそうかもしれないですね。
(被告代理人)
 ただ，被告側としても，原告からポンと静止画像を示されるよりは，その前後の映像を見てもらって記憶を喚起した上で質問してもらう方が答えやすいと思いますが。
(裁判長)
 それであれば，静止画像と併せて，その前後数分程度の映像のダイジェスト版を作り，尋問に先立ち，法廷で，そのダイジェスト版を見て記憶喚起し，尋問自体は，静止画像を示して行うというのではどうでしょう。静止画像は，手術のDVDの何分何秒の場面なのか特定して，調書に添付することができるように，あらかじめコピーを用意しておいてください。
(双方代理人)
 了解しました。

(裁判長)

　それでは，尋問期日の2週間前までには準備して提出しておいてください。それから，シャウカステンは必要でしょうか。

(被告代理人)

　具体的にフィルムで画像を示すかどうかはまだ決めてはいませんが，示すこともあり得る事案なので，用意しておいていただきたいと思います。

(裁判長)

　了解しました。

　他に何か確認しておきたいことはありますか。

(双方代理人)

　特にありません。

(裁判長)

　それでは，弁論準備手続はこれで終結することにして，次回の弁論の期日を決めましょう。

　[期日後]

(左陪席)

　さっき話に出ていたように，尋問中にDVDを再生した場合，尋問調書にはどのように記載したらいいのでしょう。ただ，○号証を示すというだけでは分からないですよね。

(裁判長)

　例えば，

　　「乙○号証を示す。

　　　　被告代理人

　　　　　今手術のDVDの○時間○分から○時間○分までを再生しています。

　　　　　それでは……（質問を続ける）」

というように調書に書いたという話を聞いたことがあります。その場合でも，画像写真を用意してもらっておいて，調

書に添付したようです。
(左陪席)
　なるほど。いろいろ工夫をしているのですね。

Column ⑧ （医療訴訟における人証調べ）
1　尋問内容の記録化の工夫
　　医師の尋問では，言葉による説明のみでは理解し難いことが多いため，画像や模式図の特定の部分を示したり，模型を操作しながら説明を行ったりすることがあり，その記録化の方法を検討しておく必要がある。画像等を示す場合は，あらかじめ質問者が画像等の写しを用意しておき，これに指示内容を記載させた上（民訴規則119条），調書に添付する（民訴規則69条）という方法で記録化するのが通常である。模型を用いる場合も，質問者に模型の写真を用意させた上，上記画像等と同様の方法で記録化することが多い。
　　手術動画等の映像を用いる場合は，証人等の説明がどの場面について行われているのかを記録上特定することが難しいので，できるだけ当該場面の静止画を印刷したものを用意させ，これに指示内容を記載させるという方法を採ることが望ましいが，質問の内容によっては，質問者や証人等が，静止画ではなく映像をそのまま用いたい旨希望することがある。そのような場合は，当該映像に表示された再生時間などにより場面を特定するほかない。いずれにしても，尋問に映像を用いる可能性のある事件では，あらかじめ当事者との間で記録化について協議しておく必要がある。
2　尋問方法
　　効果的な人証調べを実施するためには，同一期日に必要な人証調べを全て行うことが望ましい。そのため，特に医師の診療時間等を調整する必要上，人証調べが実施される見通しが立った段階で早めに人証期日の調整に入る必要がある。
　　対質（民訴規則118条1項，126条）は，証人等の間において特定の事実についての食違いや医学的知見の対立がある場合に心証が形成しやすくなるというメリットがあるが，他方，議論が白熱して混乱が生じかねない，議論の行方が直接勝敗を決めてしまう危険性があるなどのデメリットも指摘されて

おり，実際に実施されることは少ない。

上記対質のメリットと同様の効果を得る方法として，先に尋問を行った証人等を在廷させておき，別の証人等の尋問が終わった後，その時点で明らかになった事実の食違いや医学的知見に対する見解の相違について確認するため，再度尋問を行うことがある。もっとも，この方法を確実に実施するには，先に尋問を終えた証人等が退廷しないように，あらかじめ，自分の尋問が終わった後も法廷に残るよう協力を求めておく必要があるが，多忙な協力医などは，最後まで在廷することが難しいこともある。

3　証人の在廷

同一期日に複数の証人等を尋問する場合，後に証言する予定の証人を在廷させるかどうかを検討する必要がある。一般的には，尋問を行っている証人等の味方側証人（同僚の医師，看護師等）については，その供述の影響を受けて証言を変更したり，無意識のうちに記憶のすり替えが起こったりすることを防ぐために在廷させないことが多いのに対し，敵性証人（相手方の協力医等）については，自分の見解との相違点を認識させるために在廷を許可（民訴規則120条）することが多い。

4　書面尋問の活用

裁判所は，相当と認める場合において，当事者に異議がないときは，証人の尋問に代えて書面を提出させることができる（民訴法205条）。医療訴訟では，前医，後医，解剖医等から，客観的な事実関係やそれを踏まえた意見を聞く必要があるが，裁判所への出頭が困難な場合などに行われることがある。もっとも，当事者と利害関係のある医師（協力医等）が裁判所へ出頭することが困難であるが，やはり同人に対する尋問が必要という場合には，所在尋問（民訴法185条1項）が検討されることが多いのではないかと思われる。

第2回口頭弁論期日（平成25年1月23日）

（裁判長）

本件は，弁論準備手続で争点整理を行ってきましたので，弁論準備手続の結果陳述ということになりますが，双方の主

張の骨子は，主張整理案のとおりということでいいですね。
　それでは，人証調べを行いましょう。

　原告の長女と担当医の証人尋問が行われた。
　担当医の尋問では，弁論準備手続期日で打ち合わせたとおり，まず，原告代理人が用意した，数分程度の手術のDVD（ダイジェスト版）を3場面再生し，その上で尋問を開始した。
　（尋問終了）

（裁判長）
　人証調べの結果を踏まえて，今後の進行についてはどのようにお考えですか。
（原告代理人）
　原告としては，やはり，中立的な医師の意見を聞きたいとの意向が強いので，鑑定の準備を行いたいと思います。
（被告代理人）
　被告としては，本件で，鑑定まで必要なのか疑問に思いますが，原告が強く希望するのであれば，反対まではしません。
（裁判長）
　分かりました。それでは，まずは原告がどのような点について鑑定を必要だと考えているのか分かるように，鑑定事項案を作成してもらって，その内容を被告側も裁判所側も検討した上で，採否も含め対応を決めるというのではどうでしょうか。
（被告代理人）
　それならば，結構です。
（裁判長）
　原告代理人の鑑定の申立ては，いつ頃になりますか。
（原告代理人）

今日の尋問の結果も確認してからにしたいので，1箇月半程，準備の時間をいただきたいです。
(裁判長)
　分かりました。それでは，2箇月弱くらいのところに期日を入れますので，その1週間前までに鑑定事項案を作成して鑑定の申立てをしてください。被告側も，鑑定事項の検討をお願いします。期日は，再度，弁論準備手続に付したいと思いますが，いかがでしょうか。
(双方代理人)
　それで構いません。
(裁判長)
　それでは，弁論準備手続に付すことにし，受命裁判官2名で担当します。

期日後
(裁判長)
　当庁で，鑑定人の選任はどのようにしていたか分かりましたか。
(左陪席)
　書記官室など周りの人に聞いてみたところでは，鑑定事例集に出ている医師に直接打診をするか高裁のネットワークを使うということだったようです。
(裁判長)
　そうすると，複数ではなく，単独鑑定を行っていたのでしょうか。
(左陪席)
　はい，そのようです。
(裁判長)
　当庁では，専門委員に推薦してもらうということはなかったのですか。
(右陪席)

「大阪地裁医事事件における現況と課題」(判例タイムズ1300号56頁)参照

これまではなかったのではないかと思います。

そもそも専門委員の利用がほとんどないので、代理人とも専門委員名簿に載っている医師とも、そのような利用の仕方について話し合ったことがないと思います。

(裁判長)

そうすると、鑑定事項を決める際に、専門委員に関与してもらうということもなかったのですか。

(右陪席)

それは、裁判所が作成した鑑定事項案の当否について、専門委員に意見を求めて、それを参考にしながら鑑定事項を確定するというものですよね。それもなかったようですね。そもそも医療関係で専門委員を活用することがなかったので、医師がどのくらい名簿に載っているかもよく分かりません。

(裁判長)

なるほど。それであれば、まずは名簿を確認するところから始めないといけないので、今回専門委員を活用するのは難しいですね。専門委員については、今後のことを考えて作業を始めるとして、本件では、確実な方法として、高裁のネットワークを使う方向で準備をしましょうか。高裁のネットワークも、時間がかかるなどの問題はあるようですが、やはり頼りになると思います。

(左陪席)

分かりました。原告代理人はやる気でしたので、鑑定人を推薦してもらうのに必要な資料なども、先に調べておきます。

「横浜地裁における医療訴訟の審理の実情」(判例タイムズ1295号58頁) 参照

Column ⑨ (鑑定⑴)

1 鑑定の実施方法の選択

　鑑定の実施方法は、方式と鑑定人の人数の組合せによって、理論上は単独書面鑑定、単独口頭鑑定、複数書面鑑定、複数口頭鑑定の4つの実施方法に

分類することができ（民事訴訟法215条1項，民事訴訟規則132条1項），それぞれのメリット・デメリットが指摘されている。しかし，一部の庁（千葉地裁と横浜地裁の複数書面鑑定と東京地裁のカンファレンス鑑定など）を除き，多くの庁では，現実問題として複数の鑑定人を確保することには相当な困難が伴うこともあり，原則として単独書面鑑定による運用がされている。単独鑑定の場合であっても，鑑定人は，文献を調査して鑑定書に資料として添付したり，場合によっては所属する病院内の同僚の医師などに一般的な知見を確かめるなどして，鑑定書の内容が相当であることを自分なりに検証しているところであるから，単独鑑定の意見だからといって不安を感じることはない，という指摘もされている。

他方，事案によっては，複数鑑定等の実施を検討することが必要であり，現に多くの庁で検討されているように思われる。

例えば，原則的に単独鑑定による運用とする庁でも，事案が複雑・困難であり，慎重な検討が求められるケースや争点が複数の診療科にわたるケースでは，複数鑑定の実施が検討されることが多い。これは，単独鑑定に対して，1人の鑑定人の意見によって結論が左右されることの妥当性，複数の診療科にわたる事案における限界などが問題点として指摘されていることに対応したものと考えられる。しかし，複数鑑定となれば鑑定費用も高額となり得るし（ただし，鑑定人1人当たりの報酬としては低くならざるを得ない。），各地域の鑑定人候補者推薦システムの負担にもなり得るため，当事者の意向や各地域の実情を踏まえながら，複数鑑定を実施する事件を厳選することになろう。

また，医療事件の鑑定は，一般的には書面鑑定の方式が適しているとされており，鑑定事項の工夫や必要に応じた補充鑑定の実施により，鑑定人質問まで実施しないことも多い。多くの鑑定事案では，それによって特段問題が生じることはないが，書面鑑定に対しては，鑑定意見を誤解するリスクがある（法曹界と医療界とでは同じ単語が異なる意味に理解されていることがある。）などの問題点が指摘されているところであり，事案に応じて必要性を吟味し，補充鑑定や鑑定人質問，場合によっては，書面尋問の実施を検討する必要があろう。

2 鑑定人選任のための工夫

従前より，迅速に適切な鑑定人を選任することは医療事件における大きな課題であり，かつては，鑑定事例集から相応しい候補者を探したり，又は専門委員や調停委員，当事者から候補者の情報を得た上で，直接打診するなどの方法により，鑑定人を選任することが多かった（小規模庁では，当事者から具体的に鑑定人の候補者が挙がっていれば，比較的選任がスムーズにできるため，現在でも，当事者からの推薦によって鑑定人を選任することがある。）。

　他方，現在では，地裁レベルで医療機関との間でネットワークを構築している一部の庁に加えて（地裁間でネットワークの相互利用がされている庁もある。），大阪，名古屋，福岡，仙台等の高裁管内のネットワークが構築されており，多くの地域で鑑定人候補者推薦システムが整備されている。また，各地域の鑑定人候補者推薦システムを利用しても鑑定人を選任できない場合などには，最高裁に設置された医事関係訴訟委員会が所管する学会ルートによる鑑定人候補者推薦手続を利用することも可能となっている（各年の実施状況等については，最高裁のウェブサイトより閲覧できる。）。

　したがって，鑑定人の選任は，各地域の工夫によって次第に改善されてきた状況にあるといってよい。もっとも，鑑定人を複数選任しようとする場合には，なお困難が伴うことが多いなど，各地域で運用改善に向けた試みを今後も継続していく必要がある。

期日前合議

（左陪席）

　原告から鑑定申請が提出されたと思ったら，すぐに被告から，鑑定事項に対する意見書が出てきました。原告の鑑定事項には「担当医の説明は適当といえるか」というようなものまで入っているので，これはちょっと，と思ったのだと思います。本件では，争点に関する医学的知見の提出が不十分ですから，原告の鑑定事項はともかくとして，鑑定を実施すべきではないでしょうか。

（裁判長）

私もそう思います。庁によっては，第三者的立場にある他の施設の医師が，その事案に即して書いた意見書が書証として提出されていて，鑑定まではしなくても心証が固まるということもあるようですが，本件では，意見書もありませんし，文献による立証も困難ですから，これまでの方針どおり鑑定をすることでよいと思います。
　それで，鑑定事項の方はどうですか。
（左陪席）
　鑑定が必要なのは，争点整理段階で最終的に残っている適応違反と手技上の過失の部分だと思いますので，被告の意見書と，それから鑑定事例集に挙がっている鑑定事項を参考にして，鑑定事項をまとめてみます。
（裁判長）
　そうですね。次回期日に，代理人と話をしてから，こちらの鑑定事項案を示すようにしましょう。

「医事関係裁判における鑑定機能強化のための新たな取組み」（判例時報2165号3頁以下）参照

Column ⑩（鑑定(2)　鑑定事項作成のための工夫）
1　鑑定は，争点に関する医学的な専門的知見を補充するものであり，裁判所の判断事項は鑑定事項にはなじまない。つまり，過失，因果関係の有無は，裁判所による法的・規範的評価であり，それ自体を鑑定事項とすることは適当でなく，診療行為の適否や結果回避可能性（救命可能性，予後等）の有無を鑑定事項とすべきである（本文中の説明義務違反の有無も，同様に，鑑定人に意見を求める事項ではない。）。事実認定に関する事項も，原則として鑑定事項にはなじまないが（したがって，解消できない事実上の争点があれば，鑑定事項を場合分けする必要がある。），結果発生の機序など事実を確定するために医学的知見を要する場合には，鑑定事項となる。
　一般的に，裁判所による法的・規範的判断に直結又は近接した，診療行為の適否や結果回避可能性の有無，結果発生の機序（死因等）を鑑定事項にすることが多いが，過失の評価根拠事実や因果関係の間接事実に相当する事実の医学的評価が重要な争点となっている場合など（例えば，検査の要否，手

術適応の有無の判断の前提として，患者の症状や検査所見に対する医学的な評価が重要な争点になっている場合）には，鑑定意見の形成過程を明らかにするため，それらを独立の鑑定事項とする，小問に分けて段階的な鑑定事項を作成する，診療行為の適否等に関する鑑定意見の理由中で記載するよう注意事項で求める（例えば，「～にも触れつつお答えください」と注意書きをする。）などの対応をすることがある。

2 　また，鑑定人が鑑定事項を誤解しないよう，鑑定事項は，その表現に関しても注意を払う必要がある。具体的には，①診療行為の適否を問う場合は，ある診療行為が不適切であるか否かを問う（適切か否かを問うと，「適切でない」との回答の場合に，不適切との意味まで含むか判別できないおそれがある。），②鑑定事項に対して，プロスペクティブに判断するかレトロスペクティブに判断するか明確化するためその旨注記する（例えば，「本件診療当時に得られていた所見及び当時の医療水準に基づいてご回答ください」），③「～した可能性があるか」など可能性の有無だけを問うのは適当でないことが多く，その程度（高低）も併せて問う（鑑定人は可能性が０でない限り，可能性がないとの回答はしない傾向があるとされる。他方，可能性の数値化，確率化を求めても，統計データが存在しないため分からないと回答されることも多い。）などの工夫が必要となる。

3 　実のある鑑定の実施や鑑定人の負担軽減のため，鑑定事項は，医学的な知見の補充を真に要する事項に限られるべきであり，争点が拡散していたり，漠然としていたりする場合，争点の絞り込みや明確化が必要となる。そのような場合には，鑑定事項作成に専門委員を関与させる，当事者との協議で作成した鑑定事項案を鑑定人に示し，鑑定事項に不適切な点がないか確認してもらうなどの工夫が考えられる。

第10回弁論準備手続期日（平成25年3月19日）

（裁判長）
　原告から鑑定の申立てがありました。被告からも意見書が出されましたが，鑑定の実施自体についてはどうですか。
（被告代理人）

はい。こちらも，知見としては医学文献と担当医の尋問しかありませんので，原告が望むのであれば，鑑定をする方向で良いということになりました。ただ，原告の鑑定事項案ではちょっとと思い，意見書を急いで提出した次第です。
（裁判長）
　裁判所でも，改めて合議をしたのですが，本件では，適応違反の点と手技上の過失の点に絞って鑑定をするのが相当と考えます。
（原告代理人）
　そうとはいえ，他の部分についても原告本人や家族の不満が非常に強いのです。
（裁判長）
　ただ，鑑定は現段階でも医学的知見が真に必要な部分に関して行うものですから，先ほどの点で十分ではないかと思います。鑑定事項が多くなると鑑定の焦点がぼやけてしまうことにもなりかねません。裁判所の側から鑑定事項案を示しますので，双方検討してもらえませんか。
（双方代理人）
　裁判所の方で鑑定事項案を示すのであれば，持ち帰って検討します。

（裁判所が示した鑑定事項案）
1　適応違反について
　(1)　平成18年8月実施の脳血管造影検査画像と平成19年3月実施のMRI検査画像とを比較し，本件脳動脈瘤に変形（ブレブ）が生じたと考えますか。
　(2)　本件脳動脈瘤に対して手術的治療を実施したことは不適切であったと考えますか（※手術当時の症状及び検査所見並びに医療水準を前提として回答してください。）。
2　手技上の過失について

(1) 手術画像上，最初のクリッピングの際，穿通枝を一緒にクリッピングしているといえますか。
　穿通枝の一部が白色に変わっているように見えますが，これは，穿通枝の血流が阻害されていることを意味しますか。
(2) 穿通枝の位置を考慮したとき，最初のクリッピングの位置は，不適切であったと考えますか。
(3) 最後（6回目）のクリッピングの際，穿通枝を一緒にクリッピングしているといえますか。
(4) 仮に，最初又は最後のクリッピングの際，穿通枝を一緒にクリッピングしていた場合，本件でクリッピングの解除や塩酸パパベリン溶液の使用が遅れたと考えますか。
3　後遺障害の発生機序について
　仮に，最初又は最後のクリッピングにより穿通枝が閉塞されていたとすれば，そのことが原告に生じた後遺障害の原因と考えますか。本件において，その他に原告に後遺障害が生じた機序として，どのような原因が考えられますか。

以　上

第11回弁論準備手続期日（平成25年4月15日）	
鑑定事項について，当事者双方の合意が得られた。そこで，期日は一旦追って指定とし，鑑定事項は，鑑定人に内容を見てもらった上で最終的に決定することにして，鑑定準備を進めることになった。 　期日では，鑑定人の診療科目を脳神経外科，鑑定資料を事案の概要，主張整理案，診療経過一覧表，診療録，脳血管撮影，MRI等の検査画像，手術のDVD，医学文献等とすることで調整された。また，期日後，双方から速やかに利害関係の有無に関する情報を伝えてもらうことにした。	民訴規則129条の2参照

期日間
　高裁管内での鑑定ネットワークを利用して，鑑定人が推薦

された。

　双方当事者に対し，鑑定人候補者との利害関係の有無について再度確認したところ，特に利害関係はないということだったので，推薦された医師を鑑定人に指定することとして，鑑定手続が進められた。

（左陪席）
　鑑定書が提出されました。
（裁判長）
　それでは，双方に，鑑定書を検討した上で進行を考えてきてもらいましょう。

第12回弁論準備手続期日（平成25年7月10日）

（裁判長）
　鑑定結果も出ましたが，進行についてはどのようにお考えですか。
（原告代理人）
　鑑定書については，詳細な内容ですし，特に補充を求めるという点はありませんでした。代理人の方で，鑑定結果に従って本人らと話をしたのですが，原告本人や長女たちの感情は収まらないので，和解は困難だと思います。弁論の終結に向けて，準備書面の準備をします。
（裁判長）
　分かりました。それでは，弁論準備手続を終結して，最終の弁論期日を入れましょう。

第3回口頭弁論期日（平成25年8月22日）

（裁判長）
　双方当事者は弁論準備の結果と，鑑定の結果を陳述するということでいいですね。
　それから，双方とも，最終準備書面を陳述するということ

ケース2

＊この段階で，裁判所の心証を踏まえ，踏み込んだ和解勧告が行われることが多いと考えられる。医療訴訟における和解についてはケース1を参照。

運営指針第7の2
（前掲判タ22頁）

ですね。
　それでは，弁論を終結します。判決の言渡しは，10月31日午後1時10分です。

期日後
(左陪席)
　ようやく終結しました。医療訴訟に始めからしっかり関与するのはこの事件が初めてだったので，感慨深いです。
(裁判長)
　まだ終わったわけではないので，起案を頑張ってくださいね（笑）。
(左陪席)
　はい。ところで，審理中に作った主張整理案は，起案の主張部分に当たると思うのですが，診療経過一覧表は，判決に添付した方がいいのでしょうか。
(裁判長)
　裁判体によってやり方はいろいろで，診療経過一覧表を判決に添付することもあるのですが，私は，診療経過のうち，本件の判断に本当に必要な部分を判決書に記載するのがよいのではないかと思っています。どうでしょうか。
(左陪席)
　分かりました。そのような形で起案します。よ〜し，がんばるぞ。

第4回口頭弁論期日（平成25年10月31日）
(裁判長)
　それでは，判決の言渡しをします。
「主文　……」

> **ケース3**
>
> 　患者である原告（施術時60歳）が，被告医療法人が開設する歯科医院（以下「被告歯科医院」という。）において，平成22年から平成23年8月頃にかけて，担当歯科医師から左上6番ほか11か所にインプラントの埋入を受けた。その際，原告の左上6番の上顎骨が高さ5mm以下であったため，担当歯科医師は，上顎洞に骨を造成するサイナスリフトという手技を行ってインプラントを埋入したが，その後にインプラントが脱落した。
>
> 　本件は，原告が，担当歯科医師が適切なインプラント治療をしなかったため，インプラントが脱落した上，上顎洞に穿孔が生じたと主張して，被告に対し，債務不履行ないし不法行為（民法715条）に基づき，損害賠償を請求したケースである。

訴　　　状

平成24年6月11日

〇〇地方裁判所　民事部　御中

第1　当事者
　1　原告は，……である。
　2　被告は，被告歯科医院を開設する医療法人である。

第2　診療経過
……

第3　担当歯科医師の過失
　1　担当歯科医師が，平成22年7月23日に適切にインプラントを埋入しなかったため，水を飲んだときに鼻から水が出るようになった。
　　　……
　2　担当歯科医師が，歯が抜けた箇所に適切に治療をしなかったために，腫れが生じた。
　　　……

第4　損害

1 治療費
　……
2 慰謝料
　……
3 よって，原告は，債務不履行ないし不法行為に基づき，……

訴え提起（平成24年）～第1回口頭弁論期日まで①

原告から訴状が提出されて，主任裁判官の左陪席が訴状審査を行った。

（主任裁判官）
本人訴訟の医療事件が配てんされました。原告の過失の主張はいずれも抽象的で，どのような症状を問題にしているのかもはっきりしません。

書証も，インターネット上からダウンロードした文献が2，3提出されているだけで診療録もありません。

事前に釈明しましょうか。

（裁判長）
本人訴訟ですか。過失の主張が明確ではないですね。ひょっとしたら，原告は，診療録自体も持っていないかもしれませんね。

とりあえず，期日で釈明することにしましょう。

期日を指定してください。

訴え提起（平成24年）～第1回口頭弁論期日まで②

第1回口頭弁論期日が，平成24年7月10日に指定され，その後，被告から答弁書と証拠として診療録が提出された。

答　弁　書

平成24年7月10日

ケース3

> 第1　請求の趣旨に対する答弁
> 1　原告の請求を棄却する。
> 2　訴訟費用は原告の負担とする。
> 第2　請求の原因に対する認否
> 1　第1については認める。
> 2　第2について……
> 第3　被告の主張
> 1　被告の担当歯科医師は，原告に対し，12本のインプラント治療を行ったが，いずれもインプラント術前シミュレーションソフトと超音波機器を用いて，適切に埋入を行った。その際に，左上6番については，サイナスリフトを行った。また，インプラントが脱落したのは，左上6番だけである。左上6番が脱落した原因は，原告が喫煙を続けていたためである。
> 2　鼻から水が出るようになったとすれば，その原因は上顎洞に穿孔が生じたためであると考えられる。しかしながら，被告の担当歯科医師の治療には何ら問題がなく，穿孔が生じたとすれば，原因は，原告がインプラント埋入後すぐに鼻をかんだためである。
> 3　したがって，被告には何ら責任はない。

（主任裁判官）

　被告から答弁書が提出されました。被告は，○○弁護士事務所に依頼したようですね。

　被告の主張に出てくるインプラント術前シミュレーションソフトや超音波機器は，どういうものかよくわかりませんね。また，喫煙を継続していることでインプラントが脱落することがあるのか，鼻をかんだことだけで穿孔が生じるのかという点もよくわかりません。

（裁判長）

　そうですね。しかし，とりあえず原告に釈明して過失の内容を明確にしてもらう必要がありますね。被告の主張について釈明するかは，原告が過失をどの程度特定するかをみて，

検討することにしましょう。

第1回口頭弁論期日（平成24年7月10日）

原告本人及び被告代理人が出頭した。
（裁判長）
　訴状のとおり主張されますか。
（原告本人）
　はい。
（裁判長）
　答弁書のとおりでよろしいですか。
（被告代理人）
　はい。陳述します。
（裁判長）
　被告は，乙Ａ１（診療録）を提出しますか。
（被告代理人）
　はい。
（裁判長）
　原告は，本件訴訟を提起するにあたって診療録は入手していましたか。
（原告本人）
　診療録は入手できていなかったので，自分の記憶に基づいて訴状を作りました。
（裁判長）
　そうですか……。
　訴状を読ませていただきましたが，担当歯科医師の行為のうち，どの行為を問題としているのか，どこにどのような症状があるのかが判然としません。
　今回，被告から診療録の提出があったので，診療録を見て，再度過失の内容について検討していただけませんか。
（原告本人）
　わかりました。

ケース3

（裁判長）
　裁判所でも，原告の過失の主張をみて，再度進行について検討します。
　それでは，次回期日は，平成24年8月22日午前10時とします。

期日間準備
　原告から，診療録を踏まえて主張を整理する書面の提出があった。
　しかし，その内容は，①診療録の記載を踏まえると，担当歯科医師の行った全ての歯のインプラント治療について適切に行われなかった，②鼻から水が出るようになったのは，どの歯の治療が原因かわからないが，被告歯科医院の治療によって生じたことだけは確かであるとの主張がされているのみであった。

（主任裁判官）
　原告から準備書面の提出がありました。しかし，結局全てのインプラント治療を問題とするということなので，原告の主張はまだ抽象的です。医学的な知見も十分ではありません。ただ，これ以上，原告本人だけで主張を特定させるのも困難なように思います。

（裁判長）
　原告も代理人をつけてくれたらいいのですが。また，今後，医学的な知見を補充する必要もありますね。

（右陪席）
　適切に争点整理を行うためにも，一度，調停に付するという方法もありますね。どうでしょうか。

（裁判長）
　そうですね。被告の主張する医学的な知見の内容が明らかではないという点もありますし，調停に付して医師に関与してもらうのがよいかもしれませんね。

今後の進行について，次回期日で双方の希望も聞いてみることにしましょう。

第２回口頭弁論期日（平成24年８月22日）
（裁判長）
　原告から診療録を踏まえた主張があったのですが，過失の内容がまだ判然としません。また，医学的知見についても，もう少し主張してもらえないでしょうか。
（原告本人）
　しかし，私は医療の専門家ではありません。また，これ以上，過失について主張せよと言われても，どうしてよいかわかりません。医師が入って調停をする手続があると聞いたことがあるのですが……。
（裁判長）
　ご指摘のように，裁判所には調停という制度があります。双方のご了解があれば，調停に付して手続を進めるという方法もありますが，いかがでしょうか。
　医事調停に付した場合には，歯科，特にインプラントの専門家と法律の専門家に関与してもらって手続を進めていくことになります。
　その場合には，歯科の専門家から医学的知見について説明を受けることもできます。また，法律の専門家から法的な構成について意見をもらうことができます。
（原告本人）
　そのような手続なら，是非その手続で進めてもらいたいです。ただ一つ気になるのが，調停に付した場合に，調停の資料として文献などの資料を提出することはできますか。
（裁判長）
　はい，提出いただいて結構です。
　調停が成立せず，訴訟手続に戻ったときは，その後の弁論期日において，調停手続において提出した準備書面を陳述

し，証拠を提出してもらうことになります。
(原告本人)
　わかりました。そうであれば，調停に付していただくことに異議はありません。
(裁判長)
　被告の側はいかがでしょうか。裁判所としても，中立的な調停委員から意見をもらった方が事案の解明に資すると考えるのですが，一度ご検討いただけますでしょうか。
(被告代理人)
　わかりました。検討します。
(裁判長)
　それでは，一度近いところで期日を入れて，その期日で調停に付すか決めたいと思います。
(被告代理人)
　2週間程度，空けていただければ大丈夫です。
(裁判長)
　それでは次回期日は9月18日の午後2時に指定します。

第3回口頭弁論期日（平成24年9月18日）

(裁判長)
　被告は，調停に付すかどうかについて検討していただけましたか。
(被告代理人)
　被告代表者と検討しまして，被告の側としても調停に付することに異議はありません。
(裁判長)
　それでは，本件を調停に付して，審理を進めます。調停委員を指定する際に，利害関係を確認したいので，担当歯科医師の経歴を報告していただけませんか。
(被告代理人)
　わかりました。

(裁判長)

　期日については、調停委員の予定も聞いた上で、決めたいと思います。調停手続に付すので、訴訟手続は一度中止します。

Column ⑪（調停に付すのが適切な事案，調停手続の進め方）

　医事事件全体の中で、調停に付した事件の数はまだ少なく、調停に付すのが適切な事案というものが現段階で明確になっているわけではない。ただ、例えば、本人訴訟あるいは医療訴訟に不慣れな代理人が選任されているなどの事件について、双方が適切な争点整理のために医学的知見の補充や法的構成についての説明、意見を積極的に求めているような場合で、当該分野の専門的知見を有する適切な調停委員がいれば、調停を提案することも当事者の利益に合致すると考えられる。

　どのような事案が調停に適するのかは一概にいえないが、本ケースで取り上げた歯科のほか、美容外科などの事案で、実質的に治療費の返還を求める事案、それほど重い後遺障害が残存したものではなく、一定の再治療も可能な事案であれば、調停を検討する余地がある。

　調停に付するのに適した事案には他にも様々な類型が考えられ、どのような事案が調停に適するかは今後さらに議論する必要があるように思われる。

　調停を利用する場合の期日の進め方も、①何回か期日を重ねて主張整理をし、調停案を出すという方法（家事調停方式）や、②1回目の期日で双方に言い分を尽くさせ、2回目の期日で調停案を出すという方法（労働審判方式）など、色々な進め方があり得る。

　また、訴訟手続の進行についても、民事調停法20条の3第1項には、「……事件が調停に付されたときは、受訴裁判所は、調停事件が終了するまで訴訟手続を中止することができる。」となっていることから、調停手続と訴訟手続を並行して行うこと（並行方式）も考えられる（多くの場合は、弁論準備手続に付した上で、調停期日と並行して行うことになろう。）。

期日間準備

被告から担当歯科医師の経歴の提出があり，利害関係のない○○大学のA教授に関与してもらうこととなった。

また，もう一人の調停委員として退官した元裁判官のB調停委員を指定することとした。なお，調停主任は，本案の裁判長である。

調停委員に記録の写しを送付し，期日の調整を行った結果，第1回の調停期日は，平成24年10月30日に決まった。

> 今回は，歯科の専門家と法律の専門家が調停委員会を構成する調停の流れを説明するが，後記 Column ⑭のとおり，調停委員会を構成せずに専門家調停委員の意見を聴取する方法もある。

Column ⑫（調停委員の指定について）

調停委員の医師を指定する場合の利害関係を確認するにあたっては，被告の側から出身大学だけではなく，所属したことのある医局，勤務したことのある病院についての情報を得る必要がある。

法律家の調停委員としては，医療事件を頻繁に扱う弁護士や退官した元裁判官などが考えられる。

第1回調停期日（平成24年10月30日）

調停委員には，期日の15分から20分前に来てもらい，進行について簡単な打合せを行う。

本件については，当事者から簡単に主張を述べてもらい，その後，歯科医師の調停委員Aから診療録から問題となり得る点をまず指摘してもらい，法的にどのような構成があり得るかについて，法律家の調停委員Bに意見をもらうことにした。また，被告の主張にあるインプラント術前シミュレーションソフトや超音波機器については，歯科医師の調停委

> 主張整理のための期日であるので，双方対席の下，行うべきである。

員Aから説明してもらうことになった。

(調停主任)
　それでは，手続を始めます。まず，双方に簡単に主張を説明してもらいます。
(原告本人)
　私の主張は……です。
(被告代理人)
　原告は，……と主張しますが，……ですので，責任はありません。
(調停委員A)
　原告は，被告の行ったインプラント全てを問題としているようですが，診療録を見る限り，左上6番が脱落しているものの，その他の歯については，骨結合がされているように思われます。また，左上6番については，確かに脱落した後，平成23年9月1日に，突然腫れ始めたことを理由に処置がされていますね。
　左上6番以外の歯については，原告がどのような処置を問題にしているのかわからないのですが。
(調停主任)
　左上6番以外の歯について，原告はどこが問題か説明していただけますか。
(原告本人)
　確かに，今思い出してみても，他の歯については特に腫れたりもしなかった気がします……。
(調停委員B)
　そうすると，原告は，左上6番の処置に絞って，過失を整理した方がよいと思います。
(原告本人)
　そうですね。
(調停主任)

　専門家調停委員が事案を把握するのに役立つので，今回のケースのように15分程度で双方に主張の要旨を説明してもらうこともある。

先ほどの話にもありましたが、左上6番の処置に問題があるとするとどのような点でしょうか。
（調停委員A）
　鼻から水が抜けるという原告の症状からすると、一つの可能性として考えられるのは、左上6番にサイナスリフトをしたときにシュナイダー膜を損傷して穿孔が生じたことが考えられます。穿孔が生じたことによって、上顎洞との交通が生じてしまったのではないでしょうか。
　また、インプラントが脱落した原因としては、感染が考えられます。さらに、喫煙していることによって骨造成が成功しなかったという可能性もあります。
（原告本人）
　なるほど。
（調停主任）
　ところで、サイナスリフトというのはどういう手技なのですか。
（調停委員A）
　それについては、ここにある模型を用いて説明します。
　サイナスリフトというのは、上顎の骨の再生手術の一つで、頬側の歯肉を剥離して骨を取り除いて上顎洞底部を持ち上げて隙間を作り、骨移植や再生療法などで骨造成を誘導するという手技です。
　どういう風にシュナイダー膜が損傷するかを、今回被告から提出のあった文献についている図をもとに説明しますと……。
（調停委員B）
　そうすると、本件で問題となり得るとすれば、①サイナスリフトを行う際に、シュナイダー膜を損傷したかどうか、その点に過失があるかという点、②その後、インプラントが脱落した点について、感染を生じさせたなどの被告の過失があるかという点になりましょうか。この点、原告には、過失の

具体的内容について，さらに主張してもらった方がよいと思います。
(被告代理人)
　被告の側では，インプラント術前シミュレーションソフトと超音波機器を使っていたので，シュナイダー膜の損傷はあり得ないと考えます。
(調停主任)
　インプラント術前シミュレーションソフトと超音波機器というのはどういうものですか。
(調停委員A)
　インプラント術前シミュレーションソフトとは，CT画像データをパソコン上で変換して，三次元画像を構築し，インプラント埋入時に下顎管や上顎洞の損傷を回避するための埋入位置，深さ，方向などを画像上でシミュレーションするためのソフトのことです。
　超音波機器というのは，三次元超音波振動を利用することによって切削部分の長さ，深さを正確にコントロールすることができる手術器具です。これによって，神経や血管を傷つけることなく，骨だけを切削することができます。今回，被告から提出があった文献についている図をもとに説明しますと……。
(被告代理人)
　それと，脱落についても，原告が喫煙をしていたことによって骨造成が成功しなかったことが原因です。被告の担当歯科医師の処置によって感染が生じたためではありません。被告歯科医院では，感染対策を十分に行っています。
(原告本人)
　私はその頃には禁煙していましたから，そんなことはあり得ません。
(調停主任)
　あと，サイナスリフトを行う際に，シュナイダー膜を損傷

したのではないとすれば，シュナイダー膜を損傷する原因としてどのようなものが考えられますか。
（調停委員A）
　あり得るとすれば，「鼻をかむ」ことによって，上顎洞内の内圧が変化し，それによってシュナイダー膜を損傷する場合です。しかし，鼻をかんだことによるものかどうかは記録自体からはわかりません。
（調停主任）
　わかりました。
　ひとまず今回の期日で，問題となり得る点が左上6番のみであること，それについて，①サイナスリフトを行う際に，シュナイダー膜を損傷したかどうか，その点に過失があるかという点，②その後，インプラントが脱落した点について，感染を生じさせたなどの被告の過失があるかという点が争点であることが明らかになりました。
　次回期日までに原告は，これらの点について，さらに「〜をすべきだったのに，それを怠った」ということについて根拠を踏まえて，主張していただけますか。
（原告本人）
　わかりました。
（被告代理人）
　私も原告の主張をみて，反論の書面を出します。
（調停主任）
　最後に，事実経過について，双方の主張を確認しますと……。

> 診療経過は，口頭で確認した内容である。場合によっては，このような診療経過の確認を書面で示すこともあり得る。

診療経過

H22.2.13　　歯のインプラント治療を受けるため，知人の紹介で被告歯科

	医院の診察を受けた。被告の担当歯科医師から資料を示して，説明を受けた。
5.23	CT撮影
6.10	インプラント術前シミュレーションソフトを利用すること，左上6番の上顎骨の高さが5 mm以下であったので，サイナスリフトで上顎洞挙上術を行うことを説明した。
7.23	左上6番ほか2箇所にインプラントを埋入した。その際，左上6番について，サイナスリフトで上顎洞挙上術を行った。
H23.7.23	インプラントに二次手術を行い，ヒーリングキャップを装着した。
8.16	ヒーリングキャップを乗せた左上6番のインプラントが脱落した。
9.1	2，3日前から脱落箇所が突然腫脹したとして，被告歯科医院を受診した。原告には，この頃から口に水分を含むと鼻から水が流れるという症状がでる。
11.1	他の病院で上顎洞に穿孔が生じている可能性を指摘される。

第2回調停期日（平成24年12月3日）

　期日前の打合せでは，双方が提出した書面で主張はある程度具体的になったことを確認し，期日で，他に主張がないかを確認した上で，次回，裁判所が主張をまとめることにした。

　調停期日では，双方当事者とも，主張を追加する予定はないと述べた。

　そこで，裁判所が把握する主張整理案を作成し，提示することにした。

第3回調停期日（平成25年1月17日）

　期日前の打合せで，期日間に作成した主張整理案について，調停委員に意見を聞いたところ，調停委員Aからは，

医学的にも主張整理案の争点で問題はないとの意見であった。

また，調停委員Aから，争点について，超音波機器を用いたとしても，乱暴に操作すれば容易にシュナイダー膜を損傷し得ること，被告歯科医院においては，感染対策の点でいくつか問題があるとの指摘があった。

そこで，期日においては，争点について，調停委員Bに確認してもらい，医学的な意見について，調停委員Aから説明してもらうことになった。

（調停主任）

それでは，期日を始めます。

まず，法的な主張の整理について調停委員Bから説明してもらいます。

（調停委員B）

まず争点は，現在のところ……であると理解しているのですが，いかがでしょうか。

（双方）

はい，そのとおりで問題ありません。

（調停主任）

それでは，本件の経過について，調停委員Aから医学的な知見に基づく考えを伺いたいと思います。

まず，超音波機器やインプラント術前シミュレーションソフトを用いた場合に，サイナスリフトでシュナイダー膜を損傷することがあるかという点について，調停委員Aはどのようにお考えですか。

（調停委員A）

超音波機器を用いた場合も，乱暴に使用した場合には，シュナイダー膜を容易に損傷します。また，サイナスリフトは，明視野で行う手技であるものの，シュナイダー膜を損傷する可能性は十分にあります。

（被告代理人）

しかし，被告の担当歯科医師によれば，担当歯科医師は，何度もこの手技を行っており，今までにこのようなことはなかったとのことです。

診療録上もシュナイダー膜を損傷していないことは明らかです。

（調停委員A）

確かに診療録上記載がないので，損傷があったかは明らかではありません。

（調停主任）

では，感染によって，インプラントが脱落したという点についてはどうでしょうか。

（調停委員A）

この点については，本来インプラント手術を行う際には，一般の歯科治療室とは隔絶された専用の手術室で行うことが望ましいといえます。しかし，今回の施術では，一般の歯科治療室と隔絶されていません。

また，インプラント治療を行う場合には，感染を予防するために抗菌薬を投与しておく必要があります。

しかし，診療録上，それが行われたかは明らかではありません。

（被告代理人）

しかし，原告は喫煙を続けていたので，喫煙によって骨造成が成功せず，脱落した可能性もありますよね。

（調停委員A）

確かにその可能性もあります。原告は喫煙をしていなかったのですか。本当に1本も吸っていませんか。

（原告本人）

いや……。

（調停主任）

今の調停委員Aの意見を踏まえて，1月20日までに，現

段階までの双方の主張をまとめた争点整理案を作成したいのですが，いかがでしょうか。
（双方）
　異議はありません。
（調停主任）
　●月●日頃に争点整理案を送付します。その争点整理案について次回期日までに意見がなければ，これまでの主張や調停委員の意見を踏まえて調停案を示したいと思うのですが，いかがでしょうか。調停が不成立になった場合は，訴訟手続において証拠調べを行って判決することになります。
（双方）
　わかりました。

　その後に裁判所のまとめた主張整理案は，以下のとおりである（なお，争点整理の途中であるため，厳密には，過失と結果との因果関係を分けて争点を把握すべきところ，過失と結果との因果関係を一体のものとして作成してある。）。

主張整理案

第1　請求
第2　事案の概要
　……
　1　前提事実
　……
　2　争点
　⑴　平成22年7月23日のサイナスリフト実施時の手技の誤りにより，シュナイダー膜が損傷されたか。
　⑵　インプラント治療を行うにあたって，1時間半以上の長時間にわたる手

術を行うには，感染を防止するために一般の歯科治療室とは隔絶された手術室で行わなければならないにもかかわらず，これを怠り，感染が生じて骨造成ができずにインプラントが脱落したか。

(3) インプラント治療を行うにあたって，予防的に抗菌薬の投与を行わなければならなかったのに，これを怠り，感染が生じて骨造成ができずにインプラントが脱落したか。

(4) 損害の額

3 争点に対する当事者の主張

……

第4回調停期日（平成25年2月19日）

（調停主任）

双方，主張整理案について意見はないということでよいでしょうか。

（双方）

はい。

（調停主任）

それでは，評議を行い，調停案を示したいと思います。評議を行いますのでしばらくお待ち下さい。

（双方）

わかりました。

……

評議の結果，裁判所は，現段階で明確に被告に過失があるとはいえないものの，①インプラント手術を行う歯科医師として通常履行すべき感染対策として，手術室を一般の歯科治療室とは別に設けていなかったこと，②診療録上，通常投与すべき抗菌薬を投与したことをうかがわせる記載部分が見当たらず，抗菌薬を実際に投与したのかどうか疑問が生じざるを得ないほか，③サイナスリフトを行った場合に記述される

作成した主張整理案は，「双方主張は別紙主張整理案のとおりである。」と記載して，調停の調書に添付することもある。

べき記載部分も不足していることからすると，サイナスリフトの手技によってシュナイダー膜を損傷した可能性もあること，④仮に，本件治療期間中に，原告が禁止されていたはずの喫煙をしていたのであれば，そのことがインプラント治療にも影響した可能性があり，シュナイダー膜の損傷の原因，感染の原因は厳密には不明であるといわざるを得ないことなどを踏まえて，

「被告は，今回の治療によって原告の症状が生じたことにつき，深く遺憾の意を表し，解決金として，○円を支払う」という内容の調停案を示した。

これに対し，双方持ち帰って検討することになった。

第5回調停期日（平成25年3月8日）

当事者双方が，裁判所の示した調停案を受け入れたため，調停は成立した。

Column ⑬（調停が不調となった場合）

調停が不調になった場合，調停の記録を本案訴訟において，どのように利用するかについては，①当事者の同意を得て，「当事者の主張は別紙主張整理案のとおりである。」と弁論期日の調書に記載した上，調停手続において作成した主張整理案を弁論期日の調書に添付する，②調停に付する時点において，あらかじめ，双方当事者から了解を受けていることを前提として，調停案（理由の要旨付き書面）を当事者が書証として提出するなどが考えられる。もっとも，このように調停における記録を，本案訴訟において利用することの当否，利用するとしてその方法については，今後検討する必要があろう。

Column ⑭（調停委員会を構成しない場合）

本文では，調停委員会を構成する手続を説明した。この方法による場合には，調停主任裁判官としては，実務的には，裁判長あるいは主任裁判官を指定

することになろう。

　この他に、調停委員会を構成せずに裁判官だけで調停を行う方法もある（民事調停法5条1項ただし書）。この方法による場合には、裁判官だけで行う調停に付し、調停委員会を組織していない専門家調停委員の意見を聴取する（民事調停法8条1項、同規則21条・18条）。調停を行う裁判官については、受訴裁判所が合議体で審理している事件を意見聴取目的で付調停にした場合、特に調停を行う裁判官を指定しないときは、合議体を構成する裁判官全員で調停を行うものと解される（昭和35年11月5日法曹会決議、法曹時報12巻11号1655頁、最高裁事務総局編「裁判所法逐条解説（上）」214頁（法曹会））。

　また、専門家調停委員から聴取した意見を踏まえて調停に代わる決定（民事調停法17条）をするという方法もある。

医療訴訟の審理運営指針（改訂版）

東京地方裁判所医療訴訟対策委員会

　東京地方裁判所医療訴訟対策委員会は，平成25年4月1日付けで医療訴訟の審理運営指針の改訂を行った。

　多くの医療訴訟関係者にお読みいただき，地域の実情を踏まえつつ，今後の訴訟活動の参考にしていただければ幸いである。

目　　次

第1　はじめに
第2　医療訴訟の審理について（総論）
第3　第1回口頭弁論前の当事者の活動
　1　訴え提起前の活動
　　(1)　診療経過等の事実関係の調査
　　(2)　医学的知見の調査
　　(3)　法律調査
　　(4)　紛争解決手段の選択
　　(5)　医療機関側の対応
　2　訴えの提起
　　(1)　訴状作成上の留意点
　　(2)　訴状の添付書証
　3　訴え提起後から第1回口頭弁論期日まで
　　(1)　被告の準備
　　(2)　原告の準備
　　(3)　参考事項聴取
第4　争点整理手続
　1　総論
　2　診療経過等事実関係についての主張整理
　　(1)　診療経過一覧表の作成
　　(2)　診療経過等事実関係についての
　　　書証等の提出
　　　・書証の提出方法
　　　・診療録等の提出
　　　・前医，後医等に対する尋問
　　　・担当医師の陳述書
　3　争点整理段階における医学的知見の獲得
　　(1)　総論
　　(2)　医学的知見についての書証等の提出
　　　・医学文献（医学書，診療ガイドライン，医薬品の添付文書等）
　　　・協力医の意見書
　　　・担当医師の陳述書
　　(3)　専門委員制度の活用
　　(4)　専門家調停委員の活用
　4　争点整理手続の終了に当たって
　　(1)　主張整理書面の作成
　　(2)　集中証拠調べの準備
　　(3)　和解の勧試
第5　集中証拠調べ
　1　原則
　2　証人の在廷

第6　鑑定
　1　鑑定申請
　2　鑑定の採否
　3　鑑定事項の作成
　4　鑑定人の選任
　5　鑑定資料の準備
　6　鑑定人による意見書の作成
　7　カンファレンス鑑定の実施
第7　集中証拠調べ後の手続
　1　和解
　2　最終準備書面
第8　おわりに

＜別紙＞
別紙1　モデル訴状
別紙2　モデル答弁書
別紙3　医療訴訟の進行についてのお願い
別紙4　プロセスカード記載例
別紙5　調書別紙記載例
別紙6　診療経過一覧表の作成について
別紙7　診療経過一覧表記載例
別紙8　書証・証拠説明書の提出について
別紙9　主張整理書面記載例　例1，例2

第1　はじめに

　東京地裁では，医療訴訟集中部（以下「医療集中部」という。）発足以降，医療訴訟の適正かつ迅速な審理，裁判を目指し各種の審理運営の方法を実践し，平成19年6月には「医療訴訟の審理運営指針」（判タ1237号67頁，以下「旧運営指針」という。）を公表し，医療訴訟運営について訴訟関係者との認識の共通化を図ってきた。

　その後，医療集中部における審理は，おおむね旧運営指針に沿って行われており，当事者も，患者側及び医療機関側を問わず，基本的には，同運営指針に則った訴訟活動を行っている。ただし，旧運営指針の公表後，約5年間が経過し，医療集中部の構成メンバーも替わり，医療訴訟に新たに関与する訴訟代理人も増えてきたことに伴い，若干ではあるが，旧運営指針とは異なった訴訟運営が行われている実情もある。また，医療訴訟の平均審理期間は，全国的には短縮化傾向にあるものの，未だに長い傾向にあるという指摘がされており[1]，実際にも，裁判所として思い描く適切で迅速な審理が果たせ

---

[1] 最高裁事務総局『裁判の迅速化に係る検証に関する報告書（概況編）』（2011）61頁参照。同報告書には，平成22年における全国の医事関係訴訟の平

ず，歯がゆさを感じることも多い。そこで，今回は，旧運営指針を基本に据えつつ，医療訴訟についてより適正，迅速な審理の実現のために，今後何に留意する必要があるかという観点に立って，運営指針の改訂という形で，裁判所自らの反省点と訴訟代理人への要望点を洗い出し，これを訴訟の流れに沿ってまとめる作業を行い，併せて医療集中部において使用している各種書式の見直しをしてみることとした。そのため，旧運営指針と同様，あるいはそれ以上に，裁判所として，現に実践している内容にとどまらず，実践しようと努力している内容も含まれるとともに，訴訟代理人に対する要望的な内容も多く含まれる結果となっているが，裁判所が，患者側及び医療機関側の訴訟代理人と共に，より高いレベルの医療訴訟の審理と解決を目指す意気込みを示すものと受け止めて，今後の訴訟活動の参考にしていただければ幸いである。

なお，今回の運営指針では，患者側代理人の訴え提起前の活動についてより多く触れることになった。これは，最近，医療訴訟の経験の少ない訴訟代理人の関与が増えてきたこともあり，訴訟提起前の準備が不十分と考えられる事案が目につくようになってきたことと[2]，平成23年11月に行われた「医療界と法曹界の相互理解のためのシンポジウム　第4回」（以下「第4回シンポジウム」といい，それより前のものを「第3回シンポジウム」などという。）において，患者側代理人として経験豊富な弁護士から訴訟提起前の活動が報告され，訴訟提起前の調査活動等が訴訟に拠らない早期の解決に不可欠であることにとどまらず，適切で迅速な審理の実現のためにも不可欠であることを再

　　均審理期間は24.9月であり，民事第一審訴訟（過払金等以外）の8.3月の3倍と顕著に長いとの指摘がある。東京地裁における医療訴訟（既済事件）の平均審理期間は，平成23年度で21.15月と全国平均よりは短いが，必ずしも短縮化傾向にあるとはいえない。
2　被告医療機関の診療録を入手せずに，訴えを提起する患者側訴訟代理人もいる。

認識したことに由来するものである。[3]

第2 医療訴訟の審理について（総論）

　医療訴訟の審理は，医療行為の後に患者に好ましくない結果が生じた事案について，医療行為を行った医師やその使用者である医療機関などに，不法行為や債務不履行に基づく損害賠償責任があるか否かを判断し，適切な解決を図るために行われる。その審理においては，上記の結果が生じた機序を明らかにした上で，当該医療行為に誤りがあったか否か（注意義務違反の有無），その誤った医療行為のためにその結果が生じたといえるか否か（因果関係の有無）を明らかにし，これらが肯定される場合に，誤った医療行為と相当因果関係のある損害及び損害額を明らかにすることとなる。そして，これらの事実を判断する上で，医学的知見は必須のものである。[4]医療訴訟が専門訴訟の典型といわれるゆえんである。

　しかも，上記機序や因果関係は，最新の医学的知見を踏まえて判断されるのに対し，注意義務違反の有無は，医療行為当時の医学的知見を踏まえて判断されるものであり，かつ，注意義務違反の有無の基準となるのは，医療行為当時のいわゆる臨床医学の実践における医療水準であって，当該医療機関の性格，所在地域の医療環境の特性等の諸般の事情も考慮される。[5]そのため，医療訴訟において，明らかにすべき医学的知見の内容は多岐にわたり得ることになるが，これらは，当事者の訴訟代理人が自ら，あるいは協力医や依頼者の助力を得て，医療文献を探索し，それを当該事案に即して，取捨選択した上で，主張書面及び証拠として提出すべきものである。[6]

　3　第4回シンポジウムの内容は，上記報告を含めて判タ1374号56頁以下に掲載されている。

　4　損害論についても，患者に原疾患がある場合の損害額の算定などにおいて医学的知見は必要である。

　5　最二小判平7．6．9民集49巻6号1499頁，判タ883号92頁。

その上，注意義務違反，因果関係及び損害は，いずれも法的概念であって，その有無及び内容は，最終的には，法的な観点から判断されるべきものであるから，裁判所はもとより訴訟代理人も，審理において明らかにされた医学的知見（いわゆる協力医の意見や鑑定意見などを含む。）を踏まえた上で[7,8]，それを判例，裁判例及び学説によって形成されている法的な議論枠組みの中に取り込みながら，各争点について議論し，判断することが求められる[9]。

さらに，医療訴訟において，患者側は，医療事故の原因を究明すること，財産上の救済のほか精神的な手当てを受けること，そして，当該医療事故を今後の医療安全への取組みに活かすことを求め，他方，医療機関側は，当該

6　事案によっては，当事者の提出する医学的知見及びそれを踏まえた主張だけでは，事案の解明が不十分なこともある。争点整理段階において，専門委員の関与や自庁調停に付した上での専門家調停委員の関与が最も期待されるのは，このような事案である。

7　なお，医学的知見等を理解する際には，そこで使用されている言葉（例えば，「……は否定できない。」）の意味が，法曹界において理解されているものと異なり得るという指摘があることにも注意が必要である（浜秀樹「『医療界と法曹界の相互理解のためのシンポジウム』誕生へ」判タ1355号47頁以下。なお，第3回シンポジウム〔判タ同号4頁以下〕における「慎重投与」に関する議論も参照。）。

8　協力医の意見書や鑑定意見書などについても，その意見を基礎づける事実的根拠と医学的知見の論拠がいかなるものかを検討する必要がある。かような検討をすることなく，上記意見の結論だけを重視する姿勢は禁物である（第4回シンポジウムにおいて，経験豊富な医療機関側弁護士の報告の中で，「医療裁判には白衣の裁判官がいる」という批判があることが紹介されている。）。

9　例えば，因果関係の立証は，一点の疑義も許されない自然科学的証明ではなく，高度の蓋然性を証明することであり，その判定は，通常人が疑いを差し挟まない程度に真実性の確信を持ち得るものであることで足りる（最二小判昭50.10.24民集29巻9号1417頁，判タ328号132頁）。

医療行為の正当性及び医療現場の実情への理解を求めていることが指摘されている。[10]裁判所は，医療訴訟において，被告である医療機関や医師の法的責任の有無・内容を判断するわけであるが，審理を進めるに当たっては，双方当事者が医療訴訟に対して抱く上記期待も念頭に置いて，当該事案にふさわしい解決を図ろうとする姿勢が必要であるし，訴訟代理人は，依頼者の意向を踏まえ，医療訴訟における各手続の中で，それをいかなる形で取り込んだ解決が可能かを模索することが求められる。[11]

医療集中部における医療訴訟の審理が，今後，より良いものになっていくか否かは，裁判所及び訴訟代理人が，医療訴訟の専門法律家として行うべき上記各作業を，それぞれの立場で主体的に果たすことができるか，そして，それぞれの立場から，当該事案について最も適切な解決を考え，それを審理の場で積極的に議論して，その早期実現に努めることができるかにかかっていると言ってよい。

そこで，以下，項を改めて，審理運営指針の中身に入り，医療訴訟において，患者側代理人，医療機関側代理人[12]及び裁判所が果たすべき役割について，訴訟の準備段階も含め，その時系列的な流れに沿って述べることとする。

10　池田辰夫ほか「医事関係訴訟における審理手続の現状と課題（下）」判タ1331号23頁以下。

11　このことに関連して，医療訴訟に至った事案の中には，患者側と医療機関側とのコミュニケーション不足に起因するものも少なくなく，かような事案については，弁論準備手続において説明会を開催するなどして，そのコミュニケーション不足を事後的に補うことも行われている。これによって，患者側が医療機関に対してそれまで有していた不信感が和らぎ，和解による解決に進む事案もある。

12　なお，訴訟提起以後の呼称は，以後，前者を原告，後者を被告と略称する。

第3　第1回口頭弁論前の当事者の活動

1　訴え提起前の活動

　医療訴訟において，充実した訴訟活動を適時に適切に行うためには，患者側代理人が，訴え提起前に，事実関係の調査，医学的知見の整理及び関連する判例・裁判例の調査を含む準備活動を行うことが必要であり，このような準備活動をしなければ，通常，訴えを提起すべきか否かについて適切な判断をすることはできない。

　しかし，実際の医療訴訟においては，後に指摘するように，訴状において，結果との因果関係を検討することなく，多数の注意義務違反の主張を行う事案，注意義務違反の内容が特定されていない事案，争点整理の過程において，主張する注意義務違反の内容を大きく変更する事案などが散見され，これらは，訴え提起前に，真に問題とすべき注意義務違反，因果関係，法律構成等の主張内容及びその立証方法等を十分に検討していなかったことに原因があると考えられる。

　患者側代理人は，訴え提起前の調査活動の重要性を再度認識した上で，充実した準備を行うとともに，医療機関側も，患者側代理人の調査への適切な対応が医療紛争の早期かつ適切な解決につながることを理解して行動することが望まれる。[13]

(1)　診療経過等の事実関係の調査

　　診療録等は，医療訴訟の審理において不可欠かつ重要な書証である。患者側代理人は，医療事故の相談を受けた際，当事者から十分に事情を聴取した上，医療機関の診療録等を事前に入手し，当該医療機関における診療経過を把握し，さらに，前後に受診した他の医療機関の診療録等を入手するなどして，診療に係る事実経過を十分に調査する必要がある。

13　第4回シンポジウム参照。

ア　事前に入手すべき診療録等の範囲

　まず，診療行為の適否が問題となっている医療機関（以下「相手方医療機関」という。）の診療録等を入手する。患者が相手方医療機関の受診前後に，他の医療機関を受診している場合は，これらの医療機関の診療録等を入手することも，患者の症状の経過等を把握する上で有用なことが多い。

　イ　診療録等の入手方法

　現在では，患者又はその遺族からの請求による診療録等の任意開示制度を設けている医療機関が多いので，このような医療機関については，これによることが簡便であり，早期に診療録等を入手することもできる。

　証拠保全又は訴え提起前の証拠収集処分等は，任意の開示を拒否された場合や，医療機関と患者との関係が既に悪化しており，任意の開示を求めたのでは，開示を拒否されるか，開示されるにしてもその間に改ざんされるおそれがある事案などにおいて検討するのが相当であり，証拠保全等による場合は，申立書にこのような事由を具体的に記載すると，その必要性が理解されやすい。[14]

(2)　医学的知見の調査

　訴訟提起をするか否かの判断や訴訟提起をするとした場合の法律構成，主張・立証方法を検討し，充実した訴訟活動を行うためには，患者側代理人において当該診療行為及びこれに付随する事項についての医学的知見を十分に理解することが必要である。

　ア　医学文献等の調査

　　当該診療行為に係る医学的知見の獲得のために，成書や医学論文等の

14　電子カルテについては，東京地方裁判所証拠保全・収集処分委員会ほか「電子カルテの証拠保全について」判タ1329号5頁参照。

調査が必要である。医学文献は，訴訟提起の際には，注意義務や因果関係を立証する上で，基本的な書証となることから，訴訟提起前の段階で，実質的証拠力の程度等について慎重な検討を行っておく必要がある。当然のことながら，医学文献の調査においては，患者側に有利な文献に限られない幅広い調査を行う必要がある。

　イ　協力医の確保

　医学文献の記載は，一般論であるため，医学文献の記載のみから，当該具体的事案における医師の注意義務違反の有無を判断することは，通常，容易でない。医学文献による調査に加え，当該診療科について専門性を有する医師に相談した上で，適切な助言を受けることが有用である。

　また，医師の助言を受けた上で訴訟提起等を行い，当該医師の意見書を立証の１つの軸とする方針を採る場合には，意見書を提訴前に作成してもらうか，提訴後の早期の段階で意見書の作成について内諾を得ておくことが望ましい。[15]

(3) 法律調査

　医療訴訟においては，診療経過等の事実関係及び医学的知見のみならず，これらを前提とする当該事案における，医療機関に要求される注意義務の具体的内容も争点となる。上記の調査と並行し，訴訟を提起するか否

---

[15] 民事訴訟において，当事者がいかなる方法で主張内容を立証するかは，当事者が自らの責任において選択すべきものであるから，協力医の意見書及び尋問を軸に立証する方針を採るか，医学文献及び医療機関側の人証に対する反対尋問によって立証する方針を採るかは，当事者が決めるべき事項である。ただし，いずれの場合も，訴訟提起時において，いかなる証拠方法によって立証していくかの基本方針は定めておく必要がある。なお，提訴前に意見書を作成するか否かは，予想される医療機関側の応訴態度の明確性の有無及び程度などによっても異なると思われる。

かの判断，訴訟提起した場合の法律構成，注意義務違反の内容，因果関係等の主張，立証方針等を検討する上で，関連する判例，裁判例等の調査を行うことが重要である。[16]

(4) 紛争解決手段の選択

上記の準備を行い，医療機関側の法的責任について一定の心証を持った段階で，患者側代理人は，その後の方針を検討する。紛争の解決のためには，訴訟の提起以外にも手段があるため，それらの長所，短所等を考慮した上で訴訟を選択するか否かを判断する。

ア 説明会の開催の要請

医療機関によっては，診療経過や事故原因などについて患者側に対し説明を行う機会を設ける場合もある。患者側代理人において，患者や遺族の納得のために医療機関側の説明を聞く必要があると考える事案については，説明会等の開催を求めることを検討すべきであり，医療機関側も，このような求めがある場合には，誠実に対応することが望まれる。説明会は，医療機関側の事故対応に患者や遺族が不信感を持ち，医療過誤を疑うに至っているような事案においては，その開催自体（適切な説明を含む。）が，患者側の誤解や不信感を解き，事案の解決に結びつく場合もあると思われる。

イ 示談交渉

訴訟提起前に，示談交渉を一切行っていない事案もあり，そのような事案の中には，示談交渉等により解決可能な事案が含まれている。医療機関側の対応次第ではあるが，患者側代理人として，医療機関側に示談

---

16 近年の基本的な判例としては，最三小判平9．2．25民集51巻2号502頁，判タ936号182頁（転医義務），最三小判平11．3．23集民192号165頁，判タ1003号158頁（手技上の過失と結果との因果関係），最三小判平13．11．27民集55巻6号1154頁，判タ1079号198頁（説明義務），最三小判平18．10．27集民221号705頁，判タ1225号220頁（説明義務）のほか，注5，9，22，24，25の各判例も参照。

交渉を持ちかけるべき事案も相当数あると思われる。

　ウ　医療ADR

　弁護士会や各種団体が中心となり，裁判外での医療紛争の解決を目的としたあっせん・仲裁である「医療ADR」が各地で創設されており，東京においても，「東京三弁護士会医療ADR」が設けられている。同ADRは，厳格な証拠調手続が前提とされている訴訟とは異なり，話合いと当事者の合意に基づき紛争の解決を図ることを目的としており，経験豊富なあっせん人立会いの下，診療経過や死亡に至るまでの医学的機序の説明等を求めることもできるなどの利点もあり，事案によっては，紛争解決の手段として優れた力を発揮できると思われる。[17]

　エ　調停

　調停においては，医師を専門家調停委員として関与させることが可能であり，専門的な知見に基づいた意見を求めることもできる。また，訴訟とは異なり，厳格な手続によらず，より迅速で柔軟な解決も可能であるなどの利点がある。

17　東京三弁護士会は，平成22年3月，『東京三弁護士会医療ADR検証報告書』を作成し，公表している（http://www.toben.or.jp/know/iinkai/iryou/pdf/tokyo3kai_adr_houkoku.pdf）。

　また，各弁護士会では，ホームページにおいて医療ADRの説明を掲載している。

　東京弁護士会　http://www.toben.or.jp/bengoshi/kaiketsu/adr.html

　第一東京弁護士会　http://www.ichiben.or.jp/consul/discussion/cyusai/iryouadr.html

　第二東京弁護士会　http://www.niben.jp/service/images/adr_oshirase.pdf

　なお，日本弁護士連合会ADRセンター編『医療紛争解決とADR』（2011）も参照。

オ　補償制度

　医療事故が発生した場合に、医療機関側の債務不履行責任や不法行為責任の有無を前提としない補償制度として、産科医療補償制度、治験補償制度、医薬品副作用被害救済制度等の各種救済手段が設けられている。補償の対象となる事例や補償額は、各制度により異なるが、これらの利用も検討する必要がある。

(5)　医療機関側の対応[18]

　医療機関側においても医療紛争の適切で迅速な解決のために、訴訟前に患者側から接触があった場合、基本的には、診療録等を開示することはもとより、説明会の開催等の要望に対し、それが真摯なものである限り前向きに検討することが望まれる。医療機関側において、患者側に対し、適切な情報の提供を行うことが、医療事故により失われた患者との信頼関係の回復につながり、紛争の長期化を避けることができるとともに、訴訟提起等に至った場合であっても、適切な争点の設定等に資するものであり、迅速な解決に資することになる。

　また、医療機関側代理人は、少なくとも患者側に弁護士が受任して訴訟前の交渉が持ちかけられた場合には、これに誠実に対応し、必要に応じて、医療機関側の見解を積極的に示すことが相当である（これによって、紛争の早期解決が図られることもあるし、見解の相違点が明らかになり、訴訟提起後も、早期に争点に焦点を合わせた審理が可能となる。）。

2　訴えの提起

(1)　訴状作成上の留意点

18　注11でも触れたが、医療訴訟の中には、事故後の医療機関の対応が消極的であるなど、患者と医療機関のコミュニケーション不足に起因すると見られるものもある。本項は、このような事案があることを踏まえて記述したものである。

訴状作成上の留意点は，次のとおりである。訴状は，以下の留意点を踏まえた上で，紛争を把握するのに必要十分な記載があると同時に，簡潔であることが望ましい。[19]

ア　事実経過に関する留意点

　訴状においては，上記の事実経過に関する調査の結果を踏まえた上で，事案の全体像を把握するとともに，注意義務違反，因果関係，損害等の法的判断に必要な範囲で，診療経過及びその後の事実経過を記載する必要がある。

　事実経過に関する記載の中で特に留意が必要であるのは，医学的機序に関する記載である。医療行為に関連して，患者に一定の後遺障害が残ったり，患者が死亡した場合には，そもそも死亡や後遺症の直接の原因は何か，この原因は医療行為からどのように生じたのか等が問題となる。これらの解明は，注意義務違反，因果関係の判断の前提事項であるので，このような医学的機序については，事前調査において解明できた限度で，これを訴状に記載することが必要である。[20]

イ　医学的知見に関する留意点

　訴状においては，注意義務違反，因果関係を論じる上で必要な医学的知見についても，簡潔に説明することが望ましい。具体的には，まず問題となる疾患を説明した上で，診断の誤りが問題となる事案では当該疾患の診断方法の概要を，治療の誤りが問題となる事案では当該疾患に対する治療の概要を説明する。もっとも，訴状の段階で余りに詳細な説明がされても，裁判所として咀嚼できないこともある。医学的知見の説明

19　モデル訴状については，**別紙1参照**。
20　医学的機序についての記載が欠けた訴状が散見されるが，通常，第1回口頭弁論までに，裁判所から機序について明確な主張をするよう求められる。事案によっては，機序を確定できない場合もあろうが，その場合には，把握できた限度で，可能性のある複数の機序を根拠とともに示すのが相当である。

は，飽くまで訴状における原告の主張を理解するために必要十分な記載にとどめ，その後，被告の認否反論により，争点が明らかになった時点で，争点に即して，医学的知見の説明を補充していくことが，効率的である。

ウ　法的主張に関する留意点

(ア)　注意義務違反

医療訴訟においては，多くの事件で注意義務違反があったか否かが争点となり，争点整理手続においては，主として，注意義務違反の有無を巡って，議論が交わされる。

争点整理手続を早期の段階から充実したものにするためには，原告の主張内容及びその根拠が明確であること，原告が主張の根拠を明示することが必要となる。そこで，原告において，医師にはいつの時点で，どのような注意義務があり（注意義務の具体的内容），医師のどの行為が当該注意義務に違反したのか（注意義務違反の具体的態様）を明確にするとともに，当該注意義務が発生する根拠を診療経過における具体的な事実（注意義務を基礎づける事実）及び関連する医学的知見（注意義務を裏付ける医学的知見）を挙げた上で主張しなければならない。

①　注意義務の具体的内容

まず，原告は，医師の注意義務の具体的な内容として，医師に注意義務があったとする時点を特定するとともに，当該時点で医師は何をすべきであったか（何をすべきでなかったか）を具体的に主張しなければならない。

a　時点を特定すること

時間の経過に伴い患者の主訴や臨床所見が変化する等，医師が判断を行うに当たって，その基礎とする事実や情報は時点によって異なってくるから，注意義務違反の有無も時点ごとに判断され

る。それゆえ,原告は注意義務違反を主張するに当たって,どの時点における医師の判断を問題とするのかを明示しなければならない。[21]

　b　医師が何をすべきであったかを具体的に主張すること

　　医師の注意義務違反が認められるためには,単に,診療行為に関連して望ましくない結果が発生したことのみでは足りず,医師が当該結果を発生させないために医療水準として要求される行為を行わなかったことが必要である。[22] そのため,原告は,医師が行うべきであった具体的な行為を主張する必要がある。[23]

21　時点の特定といっても,どの程度の特定が必要かは,事案ごとに変わる。通常は,患者の症状や検査データ等に対応して注意義務が措定されることになるので,一般的に言えば,そのような症状等を把握した後合理的な時間内ということになるが,当該事案において,その合理的時間がどの程度かは,医療水準とも関係することであり,入手した医学的知見を基に,原告において適切に設定することが必要である。

22　注意義務の基準となるのは,「診療当時のいわゆる臨床医学の実践における医療水準」である(最三小判昭57.3.30集民135号563頁,判タ468号76頁)。医療水準は,平均的医師が現に行っている医療慣行とは必ずしも一致するものではなく,医療慣行に従った医療行為を行ったからといって,医療水準に従った注意義務を尽くしたと直ちにいうことはできない(最三小判平8.1.23民集50巻1号1頁,判タ914号106頁)。また,ある新規の治療法が存在する場合にこれが医療機関に要求される医療水準であるか否かを決するについては,当該医療機関の性格,所在地域の医療環境の特性等の諸般の事情を考慮すべきである(前掲注5最二小判平7.6.9)。

23　例えば,原告から,経過を慎重に観察すべき注意義務違反,適切な治療を行うべき注意義務違反,ある病気に罹患していることを疑うべき注意義務違反といったような主張がされることがあるが,それぞれ,経過を慎重に観察した結果,何をすべきであったのか,適切な治療として何を行うべきであったのか,

② 注意義務を基礎づける事実

　次に、原告は、①として主張した医師の注意義務が発生する根拠となる具体的な事実を診療経過の中から主張しなければならない。例えば、検査義務違反が問題となる事案であれば、当該検査が必要であることを示す患者の具体的な症状、治療義務違反であれば当該治療が必要となることを基礎づける臨床所見、検査結果等である。

③ 注意義務を裏付ける医学的知見

　さらに、原告は、②として主張した注意義務を基礎づける事実があれば、①の注意義務が発生するとする医学的知見を主張する必要がある。例えば、検査義務違反が問題となる事例であれば、患者にAという症状がある場合、Bという疾患を疑って当該検査を行うのが通常であるとする医学文献、治療義務違反であれば、患者のCという臨床所見、検査結果等からDという疾病の確定診断を行うことができ、当該疾病に対する治療としてはEという薬物投与を行うのが一般的であるとする診療ガイドライン等である。

④ 注意義務違反の具体的態様

　最後に、原告は、①の注意義務違反に該当すると主張する具体的事実を診療経過の中から主張する。

ある病気に罹患していることを疑った結果、何を行うべきであったのかを明確に主張すべきである。

　また、原告から、感染症に感染させないようにすべき注意義務違反、神経を損傷しないように手術をすべき注意義務違反、動脈瘤を破裂させないようにすべき注意義務違反等が主張されることがあるが、いずれも単に感染症に感染したこと、神経が損傷したこと、動脈瘤が破裂したこととの結果が発生したことのみを理由に医師の注意義務違反を主張するように思われる。感染症に感染させないために、神経を損傷しないために、動脈瘤を破裂させないために、それぞれ何をすべきかを可能な限り明確に主張すべきである。

(イ)　注意義務違反と因果関係のある結果の明示

　因果関係については，原告は，注意義務違反があったとする時点以後の医学的機序と医師が注意義務に従った場合に想定される結果とを対置しながら，原告が主張する注意義務違反がなかった場合には結果が生じなかったことを主張する。[24]

　一部の訴状においては，結果との因果関係を明確に論じることなく，単に医療機関側の不適切と考えられる点を網羅的に列挙するような形で注意義務違反を主張するものも見られる。また，数多くの注意義務違反が競合して，あるいは一連の注意義務違反によって結果が発生したと主張するものもあるが，このような場合，すべての注意義務違反が認められることを前提にした主張かどうかの吟味がされていないことが多い。複数の注意義務違反を主張する場合には，それぞれが単独でも結果発生を招来するものなのか，複数の注意義務違反の競合によって結果が発生するものなのかについて，十分な検討を行い，主張において明示する必要がある。

(ウ)　損害論

　医療訴訟における損害の有無及び程度は，通常の債務不履行・不法行為による損害と同様に，注意義務違反がなかった場合の状態と現実の患者の状態とを比較して判断される。交通事故における損害額の算定方法については，『損害賠償額算定基準』（財団法人日弁連交通事故相談センター東京支部）に記載があるが，医療訴訟における損害額もこ

24　訴訟上の因果関係の立証は，「特定の事実が特定の結果発生を招来した関係を是認しうる高度の蓋然性」を証明することである（前掲注9最二小判昭50.10.24）。不作為によって死亡の結果が生じた場合には，「注意義務を尽くして診療行為を行っていたならば患者がその死亡の時点においてなお生存していたであろうこと」を証明する必要がある（最一小判平11．2．25民集53巻2号235頁，判タ997号159頁）。

れに準じて算定されることが多い。損害の主張をするに当たっては，その金額の算定根拠を十分に検討することが必要である。[25]

(2) 訴状の添付書証

ア 診療録等

訴状には，重要書証の写しを添付することとされている（民訴規則55条2項）が，後述するように，被告医療機関の診療録等は，被告から訳文付きで提出されるのが通常である。そのため，原告が事前に入手した被告医療機関の診療録等を全て訴状に添付して提出する必要はない。もっとも，事案の概要を把握するのに必要な限りにおいて，診断書，手術記録，退院サマリーなどの被告医療機関の診療録等の一部を訴状の添付書証として提出することはあり得よう。

イ 医学文献

訴状において，具体的な注意義務の前提となる医学的知見や医学的機序の判断根拠となる医学的知見について記載すべきことは上述したとおりであるが，これらの医学的知見が記載されている医学文献等も訴状に添付すべきである。ただし，訴状の添付書証としては，訴状における原告の主張を理解するのに必要十分なものにとどめるのが望ましい。

ウ 意見書

医師の意見書を訴え提起前に取得している場合には，事案に応じて訴状の添付書証として提出することを検討すべきである。[26]

---

25 なお，生存していた相当程度の可能性が認められる場合について最二小判平12．9．22民集54巻7号2574頁，重大な後遺症が残らなかった相当程度の可能性が認められる場合について最三小判平15．11．11民集57巻10号1466頁，判タ1140号86頁を参照。相当程度の可能性が認められない場合に備えて，期待権侵害の主張がされる場合もあるが，この点については，最二小判平23．2．25集民236号183頁，判タ1344号110頁参照。

26 適切な意見書であれば，適切・迅速な争点整理に資する。もっとも，その提

エ　損害に関する書証

　訴状において，交通事故の場合に準じて，損害として主張する費目ごとに対応する書証を添付する必要がある。例えば，治療費を請求するのであれば領収書，休業損害を請求するのであれば休業中の収入の減少を示す書証（休業中の給与明細等），逸失利益を請求するのであれば後遺障害等級に関する書証（後医の診断書等。なお，これらは後医の診療録の一部として提出されることもある。）及び収入の減額に関する書証（医療行為前後の給与明細等）等を提出する。

　また，患者が死亡している場合には，原告が患者の相続人であることを示す戸籍謄本等の書類を添付する必要がある。

　なお，これら損害に関する書証が多数となる場合は，損害として主張する費目及び金額ごとに対応する書証を一覧形式で示した損害一覧表等を原告において作成することが円滑な審理に資することもある。もっとも，損害についての認否が不明な段階で，損害についての大部な書証を提出することは，逆に，円滑な審理を妨げる要因にもなり得る。事案によっては，損害についての書類を事実上被告側に開示した上で，主張の認否を求め，否認する損害についてのみ書証を提出するという取扱いも行われている。

3　訴え提起後から第1回口頭弁論期日まで

(1)　被告の準備

　被告は，訴状送達後，第1回口頭弁論期日までに答弁書の作成，診療録の提出（訳文付き），診療経過一覧表の作成等の準備をする。

　被告は，答弁書において，形式的な答弁だけではなく，事案の争点が明らかとなるように，原告の主張のうちどの点を争うのかを明確にした上

出時期については，事案ごとに適切な時期がある。この点につき，後記第4の3(2)ウ(ア)も参照。

で，被告の主張を展開する。具体的には，被告の認識している診療経過，医学的機序を前提として，原告が主張する注意義務は発生しない，仮に原告が主張する時期に治療を開始したとしても予後に変わりはない等の具体的な主張を十分な医学的知見の裏付けをもって主張する[27]。

(2) 原告の準備

原告に対しては，訴え提起後から第1回口頭弁論期日までの間に，裁判所から釈明を求めることがある。その場合には，同期日までに回答ができるように，準備する。

(3) 参考事項聴取

裁判所から，第1回口頭弁論期日前に，原被告それぞれに対して，事前交渉の有無，相手方代理人の有無，事実関係の争いの有無，予想される争点，和解の余地の有無，医療集中部における医療訴訟の経験の有無等の参考事項の聴取を行うことがある[28]。これらの事項に加えて，原告に対しては，協力医からの意見聴取の有無，被告の診療録の入手の有無，前医・後医の診療録の入手の有無等の聴取を行うこともある（民訴規則61条）。

第4 争点整理手続

1 総論

争点整理手続においては，まず，診療経過一覧表の作成を通じて，患者の診療経過等の客観的事実関係が，争いのない事実と争いのある事実とに整理

---

27 モデル答弁書については**別紙2**参照。もっとも，患者側から訴え提起前に何らの接触もないような場合には，答弁書の次に提出する準備書面において，詳細な認否・反論をすることを前提に，答弁書においては，概括的な認否を記載するだけにとどめることはあり得る。

28 医療集中部における医療訴訟の経験がない当事者ないし訴訟代理人に対しては，**別紙3**「医療訴訟の進行についてのお願い」等を交付し，医療集中部における基本的な運営方針についての理解を求めることとしている。

される。また，裁判所は，これと並行して，当該事案に応じた医学的知見を獲得し，整理する。医学的知見を獲得するに当たっては，専門委員等の専門家が関与することもある。これらの手続を経ることによって，争点整理手続を終了する段階においては，集中証拠調べにおいて確定されるべき事実及び医学的知見についての認識が，当事者及び裁判所の間で共通化されることとなる。

　以下，項を改めて，争点整理手続における事実関係についての主張整理と医学的知見の獲得について記載するが，この両者は，いわば織物の縦糸と横糸のようなもので，いかなる事実が重要であるかは，医学的知見の内容による一方で，いかなる医学的知見が重要かは，診療行為等の事実関係によるという関係に立つ。したがって，医療訴訟の争点整理においては，事実関係及び医学的知見の双方を関連付けながらの整理が必要である。また，これは医療訴訟に特有のことではないが，争点整理を意義のあるものにするためには，口頭での議論が重要である。当事者から提出された準備書面と書証を踏まえた議論をする中で，当事者の主張が説得力を持つものか否か，複数の主張（攻撃防御方法）のうちいずれに力点があるのか，事案解明のポイントが診療経過等事実関係にあるのか，医学的知見を踏まえた評価的な側面にあるのかなどが浮き彫りになり，これらの議論の中で和解の機運が生まれることも少なくない。このような議論を行う上で，裁判所が記録を精査して期日に臨むことは当然のことであるが，当事者双方も，期日において，議論をすることを前提に，必要な準備をして期日に臨むべきである。[29]

　医療訴訟における争点整理手続を適正かつ迅速に進めるためには，裁判所

29　裁判所を含め当事者がこのような準備をする上で，当事者が準備書面や書証の提出期限を遵守することは重要である。未だに書面の提出期限が守られない事案があることは残念であるが，書面を期日直前に提出しても，裁判所の訴訟指揮において，弁論準備手続期日としてはそのまま済ませてしまうようであれば，これを助長することとなろう。

による適切な進行管理が必要不可欠である。医療集中部においては，適切な進行管理を図るため，主として書記官の作成に係る調書別紙ないしプロセスカードを活用している。それぞれの実例は**別紙4及び5**のとおりである。

これらの書面は，これを作成すること自体に意味があるわけではなく，争点整理手続を含む当該訴訟を計画的に進行させ，裁判所と当事者が，今後なすべき準備（例えば，尋問の準備）の予定を立てる便宜のためのものである。当事者の主張・立証の現状を踏まえ，暫定的な心証を取りつつ，今後の訴訟の成り行きについて考えながら訴訟の進行をリードするべきは裁判所であるから，争点整理期日における議論を通じて，当該事案についての理解を深めつつ，その理解を前提として，今後何回程度の期日が必要か，いつ頃和解の勧試をするか，人証は必要か，その実施時期はいつ頃かなどを考えながら，訴訟指揮をしていくことが必要である。裁判所は，事件の実体面はもとより，手続面（進行予定）についても，自らの考え方を適宜明らかにし，当事者の意見も聞きながら，訴訟の円滑な進行を図る責務がある。医療訴訟においても，計画的な審理（民訴法147条の2）が求められることは当然であり，むしろ，診療録の分析検討を軸として定型化になじみやすいため，他の類型の民事訴訟より実施しやすく，かつ，前述のとおり通常事件に比べて審理が長期化する傾向にあるから，その必要性が高いともいえる。

2 診療経過等事実関係についての主張整理

(1) 診療経過一覧表の作成

ア 意義

診療経過一覧表とは，当事者の診療経過等の客観的事実に関する主張を，法的主張と峻別した形で時系列に整理し，併せて，診療録，X線画像，看護記録等の証拠との対応関係も明記したものである。その具体例及び具体的な作成方法は**別紙6及び7**のとおりである。

医療訴訟においては，診療経過（入通院状況，主訴，所見，診断結果，検査，処置）等の客観的事実経過が争点に対する判断の重要な基礎とな

ることから，法的主張や医学的知見についての主張と明確に峻別された診療経過一覧表を早期に作成することが，争点整理の充実化・迅速化を図る上で肝要である（診療経過一覧表を作成する過程において，争点が明確化していくことも少なくない。）。また，診療経過一覧表は，診療経過のうち当事者間に争いのない事実と争いのある事実とが明確に区別されて一覧的に記載されることから，①専門委員，調停委員の関与する手続，②集中証拠調べ及び③鑑定などの手続において各関係者に利用され，あるいは，④判決書へ添付されることもあるなど，その利用方法は多岐にわたり，医療訴訟において重要な役割を果たしている[30]。

イ　作成方法の概要

被告医療機関における診療経過の一覧表については，一次的に被告に作成を求め，原告にそれに対する反論を求める方式が定着しており，実際にも，診療経過等の事実経過が争点に対する判断の重要な基礎となる事件においては，ほぼ全件で，診療経過一覧表が作成されている。

前述したように，診療経過一覧表を作成する過程自体が争点整理に資するものであるから，被告作成の第一案は，早期に提出されることが望ましい（争点が確定していない場合には，骨子のみの記載でも差し支えない。）。第1回口頭弁論期日において，答弁書及び訳文付きの診療録と共

---

[30] 診療経過一覧表の作成に当たっては，診療録等に記載のある事実を記載するのが原則である。ただし，事案によっては，診療録等に記載のある事実のみでは事実経過が十分に把握できない場合もあり，事案の把握に資すると考えられる場合には，診療録等に記載がない事実であっても医師が認識した事実等について記載を求めることがある。このような場合には，診療録等に記載のある事実とは明確に区別されることが望ましいので，斜体を用いるなどの工夫が考えられる。なお，「原告の反論」欄に証拠評価や過失主張を記載することは想定されていない。診療経過一覧表は，飽くまで診療経過という客観的事実を記載するものであることに留意する必要がある（**別紙6**の2(2)参照）。

に提出されることが望ましいが，遅くとも，その次の期日までには提出されるべきである。

　ウ　作成の際に留意すべき点

　両当事者及び裁判所は，診療経過一覧表の作成に際し，争点に関係する診療経過等の事実関係が過不足なく記載されるよう留意する必要がある。

　具体的には，争点に関連する診療経過等の事実関係であれば，診療録のうち医師が記載した部分に限定せず，検査結果，看護記録及び手術記録等の記載も必要である。事案によっては，例えば，診療経過一覧表内に該当する検査項目欄を加えることもある。また，被告医療機関の他科の診療経過についても，争点に関係して必要なものについては記載する。他方，診療経過が長期にわたる場合は，必要な期間についてのみ記載することで足りる。

　事案によっては，争点との関係で，投薬一覧表，検査結果一覧表，手術経過一覧表等の独立した一覧表を作成することが有益である。また，エで述べるとおり，被告以外の医療機関における診療経過について，独立の診療経過一覧表を作成することもある。

　このように，事案に応じて，診療経過一覧表に盛り込まれるべき内容，対象とすべき資料の範囲，対象とされるべき期間や関連する一覧表の作成の要否は異なるので，両当事者は，各事案で問題となる争点を踏まえ，上記各点について裁判所と協議の上，事案に応じた適切な診療経過一覧表を作成する。

　もとより，診療経過一覧表の作成は，それ自体が目的ではなく，飽くまで診療経過等の事実関係について共通認識を持つための作業である。争点整理手続において，口頭での議論が重要であることは前述したが，この議論も，診療経過一覧表を参照しながら行い，この過程で，診療経過一覧表の記載に不十分な点があれば，次の期日までに加筆作業が行わ

れるという形で，事実関係についての争点整理が進む中で診療経過一覧表の記載も充実していくという経過をたどることが望ましい。裁判所において，診療経過一覧表の作成が自己目的化してしまわないよう，争点整理手続を進める配慮が必要である。

　なお，手術の手技のみが争点である場合や損害のみが争点である場合など，事案や争点によっては，診療経過一覧表の作成を要しない場合もある。

エ　前医，後医等の被告以外の医療機関における診療経過

　患者が，被告医療機関を受診する前後，あるいはこれと並行して被告以外の医療機関を受診している場合，当該医療機関における診療経過一覧表を別途作成することが有益な場合も多い。その場合，当事者と裁判所は，協議の上，原告と被告のいずれが一次的にその診療経過一覧表を作成するかを定める。そこでの診療経過を有利に援用したい当事者が作成するのが通例である。

　なお，患者が，被告医療機関とそれ以外の医療機関を交互に受診しているような場合，一覧性の観点からは，独立した診療経過一覧表を別途作成するよりも，被告医療機関の診療経過一覧表の中に他の医療機関における診療経過を記載する方が望ましい。このような場合における具体的な作成手順についても，当事者と裁判所が協議の上，定めることとなる。

(2)　診療経過等事実関係についての書証等の提出

　ア　書証全般の提出方法

　　(ア)　書証の分類提出と証拠番号の付番

　　　書証については，要証事実との関連性を整理するため，診療録，X線画像，診断書，医療行為の経過や根拠に関する陳述書など診療経過等の事実関係に関する書証をA号証，医学文献，協力医の意見書など医学的知見を立証する書証をB号証，領収書，源泉徴収票，損害

内容に関する陳述書等の損害立証に関する書証やいずれにも分類が困難なその他の書証をＣ号証とし，それぞれの書証群中で順次付番する。詳細は，**別紙8**「書証及び証拠説明書の提出についてのお願い（医療訴訟）」を参照。

(イ) 証拠説明書の提出

　医療訴訟において提出される書証は，専門的内容が含まれており，書証の記載内容のみから，要証事実との関連性を理解することが困難であることが多いため，当事者に対し，必ず証拠説明書の作成を求め，その立証趣旨欄において，当該書証により立証する事実を具体的に分かりやすく記載してもらうことが重要である。具体的には，上記の**別紙8**参照。

イ　被告医療機関の診療録，Ｘ線画像等の提出

(ア) 診療経過に関する適正，迅速な争点整理の実現のためには，被告医療機関での診療経過の裏付けとなる診療録，Ｘ線画像等の基本的書証ができるだけ早期に提出されることが重要である。

　医療集中部においては，診療録等については第三者が判読して訳文を付すには大きな労力と時間を要することが少なくないことから，訳文付きの診療録等を被告が提出する運用が定着している。

　なお，治療期間が長い場合や，複数の診療科に及ぶ場合，どの範囲の診療録等が提出されるべきかは，事案と問題となる争点によって異なるため，当事者と裁判所が協議の上で決める。

(イ) 診療録，Ｘ線画像等の提出方法

　　a　診療録等

　　被告は，診療録，検査記録及び看護記録等は，原則として保管している状態のままで提出し，枝番を付けることなく，最初から通して頁を付す。

　　被告は，診療録等の外国語の記載及び判読困難な部分（難解な略

語を含む。）については，必ず訳文を付ける。訳文を記載する際には，対象となる部分の付近に，丁寧な字で読みやすく朱書するなどして記載する。

　　b　電子カルテ[31]

　　電子カルテの場合，出力する際の出力条件や印刷条件によって印字される内容やその順序が異なり得るため，いかなる条件で出力したものを書証として提出するのが望ましいかという問題がある[32]。今後，更なる検討が必要と思われるが，その提出範囲や提出方法については，差し当たり，当事者と裁判所とが事件ごとに協議しながら決めていくしかない。診療録を提出する当事者において，それを読みやすくするために，証拠説明書の記載を充実させるなどの工夫も考えられるが，見やすい診療経過一覧表を作成する意義・必要性は，ますます増えるものと思われる。

　　しばしば問題となる更新履歴については，例えば，原告が電子カ

31　いわゆる電子カルテとは，診療録等に記録された診療情報（診療の過程で得られた患者の病状や治療経過等の情報）を電子化し，保存された診療録のことをいう（なお，平成17年3月31日付け厚生労働省医政局長・厚生労働省医薬食品局長・厚生労働省保険局長通知「民間事業者等が行う書面の保存等における情報通信の技術の利用に関する法律等の施行等について」は，①真正性の確保，②見読性の確保，③保存性の確保の三条件を満たさなければならないとしている。）。電子カルテの場合，電磁的記録自体が診療録等ということになるが，証拠として提出する場合には，それを紙媒体に出力したものを文書として提出することとなる。

32　これまで提出されたものの中には，例えば，記載が必ずしも時系列順になっていないもの，医師作成の記載と看護師作成の記載とが混在しているもの，診療期間すべてについて更新履歴を出力しているために大部となっているものなどがあり，従来の診療録等と比較して内容の理解が困難な場合がある。

ルテの記載の信用性を特段争わない場合には，被告から書証として提出するのは，更新履歴が記載されていない，いわゆる最終版のみに限ることとし，原告がその信用性を争う場合には，当事者間で更新履歴が記載された電子カルテを開示した上（原告が証拠保全などで事前に入手している場合には不要である。），原告側から，その信用性を争う部分についてのみ，更新履歴が記載された電子カルテを提出するといった取扱いも考えられる。

c　X線画像，CT画像，MRI画像，手術映像等

　X線画像，CT画像，MRI画像及び手術映像等は準文書として提出されることが通常であるが，証拠説明書や準備書面等でどの部分をどのように読影するかを説明して提出する。説明の方法として，画像であれば，例えば，パラフィン紙等の透明な紙の上に説明を付記したものを写真等の上に重ね合わせて一体とする方法で提出したり，写真等のコピーに説明を付記して提出する方法が有益である。

　また，近時は，画像について電磁的記録の形で保管されることが多い。電磁的記録の形で保管されている多数の画像をフィルムなどに現像すると，多額の費用がかかる場合もあることから，提出方法や提出範囲については，当事者と裁判所とが協議の上で決めることが望ましい。基本的には，CD-Rなどの記録媒体に保存した電磁的記録を準文書として提出し，特に問題となる画像のみをフィルム等に現像した上で提出するといった取扱いが考えられる。[33]

ウ　前医，後医等の被告以外の医療機関における診断書，診療録及びX線画像等の提出

---

[33] ただし，裁判所において閲読可能な形式とするように留意していただきたい。例えば，閲読に当たってパソコンに専用のアプリケーションをインストールする必要がある画像は，閲読できないことが多い。

診療経過に関する適正，迅速な争点整理の実現のために，前医，後医等の被告以外の医療機関における診断書，診療録及びＸ線画像等が証拠として有用である場合が少なくない。原告である患者側において，訴え提起前の段階であらかじめ任意開示を受け，必要があれば訴え提起後速やかに提出することが望ましい。訴えの提起後に，当事者が送付嘱託によって被告以外の医療機関における診療録等を取得する場合[34]，文書が到着するまでに時間を要する。したがって，当事者は，それらの証拠提出が必要である場合には，早期に送付嘱託を申請することが望ましい。

　なお，消防署の救急搬送記録等も，診療経過に関する適正，迅速な争点整理に資する場合がある。これらについても，早期の提出がされるように努めるべきである。

エ　前医・後医等に対する尋問
　(ア)　診療経過に関する適正，迅速な争点整理の実現のために，前医，後医等への尋問が有益である場合もある[35]。このような場合，送付嘱託と同様に，争点整理手続の早い段階での実施を検討すべき事案もある。

34　裁判所が法令に則り，その必要性を吟味の上，これを認めて決定した送付嘱託については，嘱託を受けた者は，嘱託に応じる公法上の義務を負うと解される。診療録等は個人情報に関わるものであるが，個人情報保護法との関係では，同法23条１項１号の「法令に基づく場合」に当たり，第三者提供の制限の除外事由に当たると解される。もっとも，患者とのトラブルの発生を懸念して，嘱託に応じない医療機関も少なくないので，送付嘱託の手続をスムーズに進めるためには，医療機関に個人情報保護法との関係を十分理解していただくのと併せて，対象となる患者の同意書（特に原告の前医，後医に対する嘱託の場合には，原告自身の同意書を得ることは容易であるし，事後のトラブルを防ぐことにもつながる。）を付けて嘱託をすることも効果的である。

35　実際には，書面尋問で行われる例が多い。

(イ) 当事者から書面尋問の申請があった場合，裁判所は，相手方当事者に採否の意見を聞いた上，その必要性を吟味する。採用する場合，両当事者から尋問事項案の提出を受け，協議の上，質問事項を定める。一方当事者が，口頭での尋問を求める場合には，その必要性を検討した上で，証人尋問を行う。その際，証人の意向によっては，所在尋問の形で行うこともある。[36]

オ　被告医療機関において患者の診療を担当した医師の陳述書

　被告医療機関における診療経過について診療録の早期提出が要請されることは前述したとおりである。しかし，診療録は，診療行為の要点のみが記載されており，診療録の記載だけでは当該患者に対する診療行為の内容や意味づけを十分に知ることのできない場合もあることから，被告医療機関において患者の診療を担当した医師（以下「被告担当医」という。）の陳述書は，当該患者に対する診療経過等の事実関係を把握する上で重要な意味を有する。現在の運用では，被告担当医の陳述書は，争点整理の終盤に人証申請と共に提出されることが多い。しかし，被告担当医の陳述書を早期に提出することが争点整理に資する場合もあることから，事案に応じて，早期の提出を求めることがある。

3　争点整理段階における医学的知見の獲得

(1)　総論

ア　主張の裏付けとなる医学文献等の早期提出

　原告は，診療経過の主張を踏まえ，自らの注意義務違反と因果関係の主張を裏付ける医学的知見を早期に主張し，被告は，医学的知見に係る原告の主張の認否をした上で，自ら拠って立つ医学的知見及びこれを当該事案に当てはめた上での判断を主張する。そして，これらを主張する準備書面等を提出する際には，同時にそれを裏付ける医学文献等を証拠

---

[36] テレビ会議システムを利用することも考えられる（後記4(2)ウ参照）。

として提出する。

　なお，医学的知見のうち基礎的な部分，例えば，問題となっている疾病の意義，手術の意義，薬の意義，検査の意義ないし各検査における基準値などについては，当事者が早期に主張及び証拠を提出し，当事者間に争いのない事実として当事者と裁判所の共通認識とすることが望ましい。

　イ　争点整理段階における協力医のバックアップの必要性

　原告は，争点整理段階においても，随時，協力医に助言を求めながら主張し，事案に即した的確な医学文献等を提出することが望まれる。

　ウ　医学的知見の基準時点

　どの時点の医学的知見が必要かは，場面によって異なる。すなわち，注意義務違反が問題となる場面では行為の時点の，因果関係が問題となる場面では口頭弁論終結時の医学的知見が必要である。

(2)　医学的知見についての書証等の提出

　ア　当事者は，自らの主張を裏付ける証拠を積極的に提出し，裁判所も，証拠がなく認定できない部分については，争点整理の段階から，その提出を促す。

　また，医学的知見についての証拠力の吟味は，法律家にとっては困難な作業であるが，提出側にとっても，相手方にとっても，結論を左右し得る重要な作業である。

　以下，証拠の類型ごとに述べる。

　イ　医学文献等

　　(ア)　医学書，医学論文

　　　a　医学書，医学論文には様々なものがあり，その性質（例えば，教科書的なものか，新規発見を記載した論文であるか），内容（例えば，統計的なものであれば標本の質や数等），刊行時期及び論文の作成年月日，執筆者，掲載されている雑誌の種類等によって，その正確性

及び一般性並びに当該事件において問題となっている当時の医療水準や因果関係を立証する資料としての有用性が大きく異なる。

そのため，立証目的や立証主題に応じて，適切なものを選択する必要がある。例えば，新規発見や臨床上まれな事例を報告した症例報告等をもって医療水準を主張する例も見られるが，そのような文献をもって当時の一般的な医療水準として法的義務があったと認めることは，通常，困難である。

b 医学書，医学論文を提出する際には，その出典，該当部分の作成者，刊行時期及び論文の作成年月日を明らかにするため，表紙や奥書等を付して提出する。また，必要に応じて，証拠説明書の中で上記事項について説明する。

c なお，医学文献は，一般的な知見を明らかにするものであるから，性質上，個々の事案への当てはめには限界があり（一般的には医療水準に適合する医療行為であっても当該患者に対して適用すべきでない場合やその逆の場合もあり得る。），当該事案についての医師の意見書等が有用である。

(イ) 診療ガイドライン

現在，多数の診療ガイドラインが作成され，ホームページ等で公開されているが，診療ガイドラインごとに，作成目的，作成主体，診療ガイドラインの想定する医療機関，作成の際に参照された医学文献の範囲やエビデンスレベル等が異なることから，診療ガイドラインの証拠価値を一律に論じることはできない。

しかしながら，診療ガイドラインの中には，関連する学会等が主体となり，複数の専門家が関与し，エビデンスレベルの高い論文に基づき作成されたものもある。そのような診療ガイドラインは策定時点における医学的知見を集約し，標準的な診療内容を示すものであるから，当該事案で問題になっている診療行為について更に個別的な検討

を行う必要があるという点に留意が必要であるものの，医療水準を認定する上で重要な資料になる場合も多い。そのため，事案に関連する診療ガイドラインが公表されている場合には，提出することを検討すべきである。

　診療ガイドラインを提出する場合には，診療ガイドラインの作成主体，作成目的等が記載された冒頭部分を併せて提出する必要がある。
(ウ)　医薬品の添付文書等

　医薬品の使用等が問題になっている場合には，医薬品の添付文書（能書）を提出する（改訂がある場合には，診療当時の記載内容かどうかについて注意する。）[37]。なお，ほとんどの医薬品の添付文書（能書）は，独立行政法人医薬品医療機器総合機構や各製薬会社のホームページ等で閲覧ないし入手可能である。
(エ)　インターネット上の情報

　インターネット上の情報は玉石混淆であり，一般的に証拠価値が高いとはいえない。証拠として提出する場合には，作成者，作成した趣

---

[37] 医薬品の添付文書の記載に基づいて過失の有無を判断したものとして，前掲注22最三小判平8．1．23，最二小判平14.11.8集民208号465頁，判タ1111号135頁などがある。上記最三小判平8．1．23は，医薬品の添付文書について，「医師が医薬品を使用するに当たって医薬品の添付文書（能書）に記載された使用上の注意事項に従わず，それによって医療事故が発生した場合には，これに従わなかったことにつき特段の合理的理由がない限り，当該医師の過失が推定される」旨判示するところ，上記「特段の合理的理由」の有無の審理は，上記注意事項が記載された趣旨を踏まえ，当該医師が具体的状況の下，どのような考え方に基づき医薬品を投与したのかを検討して行うことになると思われる。なお，第3回シンポジウム（前掲注7判タ1355号4頁）において，上記判例も踏まえた議論が行われ，その中で，医薬品の添付文書につき，医療水準との関係も含めて，法曹側と医療機関側の考え方が述べられている。

旨，作成日，ダウンロード日等を証拠説明書に記載する必要がある。インターネット上の情報について，作成者を特定せずに，書証の申出がされる場合もあるが，作成者不明の文書については，形式的証拠力の問題がある。

ウ　協力医の意見書

(ｱ)　原告及び被告の協力医の意見書は，それが適格者によるものであれば，医学的知見を個々の事案に当てはめるのに有効である。[38]

協力医の意見書の準備は，当事者にとって負担の大きい作業ではあるが，できるだけ争点整理の初期の段階で提出されることが望まれる。もっとも，事案ごとに争点整理の見通し（争点整理における意見書の必要性の程度を含む。）などが異なることも事実であり，争点整理の初期の段階では，協力医の助言を受けながら主張及び医学文献の提出をし，争点整理がある程度進行した段階で相手方の反論を踏まえた意見書を提出する例も少なくない。[39]

いずれにしても，協力医の意見書の作成には一定の時間を要することが予想されるから，訴訟の早い段階で，裁判所が，当事者に意見書の提出予定の有無，提出時期，人証申請の有無等を聴取し，裁判所，

38　協力医が当該事案について専門性及び経験を有する適格者であることの重要性は，第4回シンポジウムにおいて，医療界，法曹界双方の共通認識になったと思われる。なお，第1回（判タ1326号5頁）及び第2回シンポジウム（判タ1328号5頁）においても，医療機関側から，適切な医師が医療訴訟に協力することの重要性を指摘する発言がされている。

39　なお，協力医が，相手方の準備書面が提出される都度，意見書を作成し，その中で準備書面への反論を記載するような例も見られるが，このような意見書は，往々にして冗長となり，また，重複も多く，有効な意見書の活用とは言い難い場合が多い。このような場合には，裁判所から，まとめの意見書の提出を求めることもあり得る。

両当事者間で共通の認識を持ち，記録化するなどして，訴訟の遅延を来さないよう配慮する必要がある。

(イ) 意見書は，鑑定の結果と異なり，一方当事者から提出され，作成者の専門性の担保や前提とした事実関係の確認などがされていないものであるから，信用性の十分な吟味が必要である。したがって，提出者は，その信用性を担保するため，作成医師の経歴，専門科目，臨床経験，参照した書面及び前提とした事実関係などを記載することはもとより，その意見を裏付ける医学文献を提出することが重要である。参照した書面及び前提とした事実関係について記載がされていない意見書も少なくないが，信用性吟味のためには，これらの情報も必要である。

なお，意見書を提出した協力医については，相手方当事者の反対尋問権を保障するため，証人尋問が行われる場合が多い。

(ウ) 協力医が匿名を希望するため，作成名義人が明らかでない意見書を提出する場合がある。しかし，作成者不明であれば書証としての形式的証拠力に疑義があり，その信用性も極めて低いと考えざるを得ないことが通例である。このような場合，裁判所が，意見書自体ではなく，その意見に沿った主張を準備書面で行うこととそれを裏付ける医学文献を提出することを促すこともある。

エ 被告担当医の陳述書

被告担当医の陳述書においては，診療に関する事実関係及び診療時の判断に関連して，その前提となる医学的知見が記載されることが多い。専門家の作成するものであるから，ある程度の専門性が確保されているものと解されるが，他方，当事者側の作成によるものであるから，協力医の意見書以上に信用性の吟味が必要である。それまでに関連文献が提出されていない場合には，被告は，陳述書提出の際，そこに記載された医学的知見を裏付ける文献を提出する必要がある。

(3) 専門委員制度の活用[40]

　裁判所は，事案の内容，審理の経過・見通しなどを踏まえ，専門委員の関与が適当と判断される場合には，当事者の意見を聴取し，専門委員の関与を決定する（なお，医療集中部においては，当事者の了承を得た上で，専門委員の関与を決定する運用としている。）。原告に協力医がいないなどの理由から，医学的知見に関し，理解が不十分なまま主張が展開されている事例，双方の主張に差があるものの話合いの機運があり，第三者の専門家の助言を得ることにより双方の納得を得られると見込まれる事例等においては，争点整理手続段階で専門委員を関与させ，医学的知見について説明を得ることにより，争点整理が円滑に進み，また早期和解につながり得る。実際に，基礎的な医学的知見に誤解があり，その誤解が解消されたことで患者側の態度が柔軟化した例や，第三者の専門家の助言を得たことで双方がともに納得し，早期和解をすることができた例が多い。

　専門委員の関与率は高くないが，専門委員の利用方法を多様化し，専門委員を活用しやすくするため，専門委員の機動的な任命・選任，専門委員による意見陳述等，専門委員のより一層の活用方策について，その活用を妨げる要因についても十分に吟味しながら検討を進める必要があるとの指摘がある[41]。医療集中部においては，東京都内の13の大学附属病院及びその系列病院から専門委員候補者の推薦を受け，推薦された専門委員候補者を専門委員として機動的に任命・選任する運用が始まっており，また，裁判所が相当と認め，かつ，当事者双方が同意する場合には，専門委員に対し

40　専門委員制度の現状及び課題についての最近の論稿としては，林圭介「専門委員の関与のあり方」判タ1351号4頁，池田辰夫ほか「医事関係訴訟における審理手続の現状と課題（上）」判タ1330号5頁，山本和彦ほか「座談会・専門委員の活用について」判タ1373号4頁以下がある。

41　最高裁事務総局『裁判の迅速化に係る検証に関する報告書（施策編）』(2011) 参照。

て具体的な事項について意見を求める運用も試行的に行われている。審理の充実・迅速化に資するためにも，専門委員制度の積極的な活用が望まれる。

専門委員制度を利用する場合の手順は次のとおりである。

ア　専門委員関与期日前の準備

(ア)　裁判所は，専門委員に検討してもらう資料の範囲をおおむね決めて，当事者双方に，専門委員に対する質問事項案，診療経過一覧表，主張整理書面，証拠資料の写し等事前に送付すべき資料の作成等について，事前準備を依頼する。

質問事項案については，当事者双方から提出された後，裁判所において整理し，これを書面にして当事者双方に示し，確定させる。

(イ)　専門委員に検討してもらう資料の作成と並行して，裁判所は，専門委員の名簿の中から当該事案に適した候補者を選定する。また，専門委員の名簿の中に当該事案に適した候補者がいない場合には，東京都内の13の大学附属病院及びその系列病院から専門委員候補者の推薦を受け，推薦された専門委員候補者を専門委員として選任する。専門委員選任の過程においては，専門委員が被告である医療機関や医師等と利害関係を有しないかを確認する。

(ウ)　専門委員に検討してもらう資料の範囲を最終的に確定させ，専門委員に資料を送付する。専門委員の検討に要する期間を考慮し，専門委員が関与する弁論準備手続期日（専門委員関与期日）を指定する。

イ　専門委員関与期日

まず，裁判所が事前に送付した質問事項に沿って，専門委員に発問し，専門委員に回答してもらう形式で進行する。裁判所が予定していた質問が終了した後（又は質問事項ごとに区切りのよいところで），当事者双方が補充で質問したい事項があれば質問をする。関与期日の終了時には，その後の進行について当事者と裁判所が適宜協議する。

ウ　専門委員の意見の記録化

　説明内容の記録化については，質問事項について事前に提出された回答書を調書に添付する取扱い，裁判所が専門委員の口頭説明を要約して調書に記載する取扱いなどがされている。当事者の意見を聞き，事案に応じた適切な運用を行うことが求められる。

(4)　専門家調停委員の活用

　医療集中部係属事件については，受訴裁判所が調停に付した場合，事件の担当裁判官が調停主任裁判官として調停を行う取扱いとなっている（いわゆる自庁調停）。そのため，争点について適切な意見を述べることのできる診療科の医師を専門家調停委員（民事調停規則14条）として選任し，専門家調停委員から専門的知見に関わる意見を聴取するとともに，事件の適切な解決策を図ることができる。

　ア　調停期日前準備

　調停期日を適切かつ効率的に運営するために，医療事件を調停に付した場合（両当事者が調停による解決の意向を有していることが前提である。），当事者双方に，調停委員に対する質問事項案，診療経過一覧表，主張整理書面，証拠資料の写し等事前に送付すべき資料の作成等について，事前準備を依頼する。

　イ　調停期日

　民事調停規則14条の専門家調停委員の意見聴取は，調停期日外においても行うことができるが，手続の透明性を確保し，事件の適正な解決を図るという見地から，双方当事者が出頭している調停期日において聴取する。

　ウ　調停委員の意見の証拠化

　事件を調停に付した後，調停が不成立となった場合であっても，調停委員が述べた意見は，訴訟手続において証拠として提出することができる。その方法としては，①調停委員が意見書等を作成している場合は，

これを書証とする，②調停委員が調停期日に述べた意見が調停調書に記載されている場合には，同調書を書証とすることが考えられる。

4　争点整理手続の終了に当たって

弁論準備手続期日等を重ね，主張及び証拠の整理が進んだ段階において，当事者と裁判所は，その後の証拠調べによって立証されるべき争点とその立証方法等を確定する。この際，裁判所と当事者が協力し，主張整理書面などを作成することによって，当事者の主張及び争点に対する認識の共通化を図ることが多い。[42]

(1)　主張整理書面の作成

　　主張整理書面は，各争点に対する両当事者の主張をまとめたものであり，事案等を勘案して作成する。この場合，①裁判所が争点の柱立てをして，両当事者が具体的主張を記載する，②裁判所が当事者の主張等をまとめた上で，両当事者がこれを加除修正する，③当事者双方が，争点についての主張を要約した準備書面を提出するなどの方法が採られている。完成した主張整理書面は調書に添付され，その後の証拠調べ，鑑定等の手続や判決書の作成等において活用されている。具体例は**別紙9**を参照。

(2)　集中証拠調べの準備

　ア　陳述書の提出

　　陳述書は，遅くとも，人証申請時までに提出する必要がある。陳述書には，従前の争点整理を踏まえ，人証によって証すべき事実についての陳述が過不足なく盛り込まれていることが望ましい。[43]

　イ　人証申請

---

[42]　事案が複雑でない場合等には，争点と当事者双方の主張の骨子を弁論準備手続調書に記載するだけの場合もある。

[43]　被告担当医の陳述書について，原告から，陳述書で触れてもらいたい事項が指摘されることもあるが，その場合は，その要望を踏まえた陳述書を作成する。

医療訴訟の尋問においては，通常，原告本人，被告担当医，原告及び被告の協力医の尋問が行われる。前医や後医については，書面尋問等による場合があることは前述したとおりである。
ウ　人証期日・方法の調整
　集中証拠調べにおいては，複数の人証調べを同一期日に行うことから，人証期日の調整に時間を要することが多い。そのため，人証申請を行う当事者は，証人予定者の出頭可能な期日（複数であることが望ましい。）を聴取するなどして，人証期日の調整にいたずらに時間を費やさないように心掛ける。なお，証人が遠隔地に居住する等の理由により，受訴裁判所への出頭が困難である場合や，証人の所在する場所での尋問が相当と認められる場合には，テレビ会議システムを利用しての尋問や裁判所外での尋問（所在尋問）を行うこともある。
エ　人証期日に向けた準備
　医療訴訟の尋問においては，証人に対し，X線画像等を提示することが少なくない。その場合には，必要とする機材について事前に裁判所と協議する必要がある。また，CTやMRIのように一枚のフィルムに複数の画像が表示されている場合には，提示する画像を容易に特定できるように画像に枝番を付すなど工夫が必要である。提示した画像への指示説明事項等の書き込み等を予定する場合には，当該写しを調書に添付することとなるため，写しを作成しておく必要がある。
(3)　和解の勧試
　裁判所は，弁論準備手続期日等を重ね，主張及び書証の整理が進んだ段階で，和解の勧試をすることがある。充実した争点整理手続により，訴訟の見通しについて裁判所及び訴訟当事者間で一定の共通認識ができたような事案については，人証調べ前に和解に至ることも少なくない。

第5　集中証拠調べ

1　原　則

充実した争点整理手続及び陳述書又は意見書の事前提出により，尋問事項はおのずと争点に絞られたものとなることから，尋問すべき人数が多い場合であっても，通常，1期日で行われている。

2　証人の在廷

原被告双方から医師の証人（本人）尋問が申請され，尋問が実施される場合，一方の証人の証言中，他方の証人にも在廷を許可することが多い。これは，双方の証人に，相手方証人の証言を聞いてもらうことによって，相手方証人の証言内容との違いを明確にさせることを目的とするものである[44]。

また，一旦尋問を行った証人についても，相手方証人の尋問後まで在廷してもらい，その尋問後に再度相手方証人の尋問内容について尋問を行ったり，対質を行うこともある。そのため，できれば，相手方証人の尋問後まで在廷することにつき内諾を得ておくことが望ましい。

第6　鑑　定

医療集中部では，原則としてカンファレンス方式によって鑑定（以下「カンファレンス鑑定」という。）を行っている。カンファレンス鑑定とは，3名の鑑定人が，事前に鑑定事項に対する意見を簡潔な書面にまとめて提出した上で，口頭弁論期日において，口頭で鑑定意見を陳述し，鑑定人質問に答えるという複数鑑定の方式である[45]。

---

[44] 画像等を示した尋問を行う場合には，シャウカステンやパソコンなどの機材を用いた尋問を実施するが，このような場合，相手方証人に尋問の内容をより具体的に把握してもらい，それを踏まえた証言をしてもらうためにも，相手方証人に尋問を視聴してもらう必要性が高い。

[45] 東京地方裁判所医療訴訟対策委員会「東京地方裁判所医療集中部における鑑

1　鑑定申請

鑑定を望む当事者は，訴訟の適宜の段階で鑑定申請を行うこととなるが，通常は，人証調べ後に，鑑定申請が行われる。しかし，鑑定の要否や鑑定事項の決定のために期日を重ねることは，人証調べ終了後から，鑑定実施までの期間をいたずらに長引かせ，集中証拠調べの利点を損なうことから，当該事件について鑑定申請をする意向がある当事者は，人証調べ終了後直ちに鑑定申請を行えるように，鑑定事項案等の作成準備をしておくことが望ましい。

鑑定申請の際には，鑑定申請を行う当事者において，鑑定事項案を提出する必要があるが，鑑定事項は争点に関連するもののうち，専門家による鑑定になじむものに限られる。

2　鑑定の採否

裁判所は，人証等の証拠調べの結果を踏まえての心証や鑑定の必要性を吟味の上，採否を検討する場合が多い。そのため，当事者においては，人証調べ終了時までに十分な主張立証活動を行うべきであり，安易に鑑定に頼るような訴訟活動を行うことは相当でない。

3　鑑定事項の作成

鑑定申請をした当事者が鑑定事項案を提出し，相手方がこれに対する意見を書面で提出し，裁判所と当事者間で議論を尽くして，最終的には裁判所が鑑定事項を決定する。鑑定において前提となる事実関係に争いがある場合には，鑑定事項作成過程において，係争事実についての扱いを当事者と裁判所が協議することとなるが，①裁判所の心証を踏まえて前提事実を確定したり，②前提事実について場合分けを行うこと等も行われている。

4　鑑定人の選任

医療集中部においては，現在，東京都内の13の大学附属病院及びその系列

定の実情とその検証（上）（下）」判時1963号3頁，1964号3頁参照。

病院から3人の鑑定人候補者の推薦を受け，推薦された鑑定人候補者を鑑定人として選任している。どの診療科の医師を鑑定人にするかは，当事者と協議の上，裁判所が決定するが，事案によっては，複数の診療科の医師を選任することもある。

5 鑑定資料の準備

鑑定人に交付すべき鑑定資料は裁判所と当事者が協議の上決定することとなるが，主張書面については，これを全部交付することはせず，鑑定事項に関する各当事者の主張を対照させた書面（主張整理書面）のみを交付し，証拠についても，鑑定事項に係る書証（通常はA号証及びB号証）に限って交付している。鑑定を実施する場合には，各当事者において，主張整理書面の作成（争点整理段階で作成していない場合や，鑑定事項を争点の一部に絞る場合など）及び送付する鑑定資料の写しの事前準備が必要となる。なお，既に証人尋問を実施している事案について，尋問調書の写しを送付するか否かは裁判所が当事者と協議の上決定する。送付する場合，尋問調書の写しは裁判所において作成することが多い。

6 鑑定人による意見書の作成

各鑑定人は，交付を受けた鑑定資料に基づき，鑑定事項に対する結論とその理由を簡潔に記載した意見書をあらかじめ裁判所に提出し，裁判所から，各当事者に適宜の方法により送付する。

この書面は，裁判所及び当事者が，鑑定を実施する口頭弁論期日（鑑定期日）に先立ち，各鑑定人の意見を知ることにより，鑑定期日における適切な議論を可能にするものであり，鑑定人調書末尾に添付されて鑑定の一部を構成するものである。

7 カンファレンス鑑定の実施

鑑定期日は，民訴法215条の2所定の鑑定人質問の手続に従い，裁判所から各鑑定人に対して，上記意見書の内容について確認的な質問をして，各鑑定人はこれに答える形で意見を陳述した後，裁判所が鑑定事項ごとに意見書

の趣旨を明確にし，疑問点を質すため詳細な質問をし，それが一通り終了した後に，鑑定の申出をした当事者，他方当事者の順序で，補充的な質問をする。各鑑定人の意見が異なる場合等，鑑定人の意見の内容によっては，鑑定人間で口頭で議論してもらうこともある。

　この鑑定人による意見陳述及び鑑定人質問を行う際には，シャウカステンを利用してX線画像を示したり，書画カメラを利用して問題となる画像を示した上で書込みをしたりする場合もあるが，これらの場合には，調書化を容易にするため，あらかじめ記入用の写しを用意する等の工夫を要することは人証調べの場合と同様である。

第7　集中証拠調べ後の手続

1　和　解

　集中証拠調べの後，和解を勧試することがある。裁判所が和解勧試を行うか否かは，事案や争点についての当事者の対立の程度，当事者の意向等を踏まえて判断することとなるが，集中証拠調べが終了した時点において，裁判所は，通常，当該事件について心証をおおむね固めていることから，その心証を踏まえた和解が勧試されることが多い。

　和解においては，金銭の支払にとどまらない，様々な条項を定めることが可能であり，より事件の実態に即し，当事者双方に納得のいく紛争の解決となることが多い。

　医療訴訟では，原告が医療に対する不信の念，重い障害が残ったことや肉親を喪ったことに伴う心の痛手等を受けていることも多く，これらは，判決によっても解決されないことも少なくない。そのため，被告の有責・無責の結論（心証）を踏まえつつ，原告の思いに配慮した内容の和解を勧めることが，真の紛争解決につながることも多い。裁判所としては，争点整理手続及び集中証拠調べを通じて把握した原告の思いと被告の法的責任の有無・程度を踏まえ，事案に応じた合意の形成に向けた努力を惜しまない姿勢が望まれ

2 最終準備書面

裁判所は，通常，集中証拠調べ終了時点で，おおむねの心証を固めており，最終準備書面を必要とする事案は必ずしも多いとはいえない。当事者が最終準備書面の提出を希望する場合には，その提出を認めることもあるが，それは，主として，裁判所が自らの心証を確認ないし検証するためであるから，主要な争点について，証拠の評価を中心に，その主張を簡潔にまとめた書面が望ましい。[46]

第8 おわりに

本指針は，医療集中部における審理の現状を踏まえ，その一歩上を目指すために，患者側（原告）代理人，医療機関側（被告）代理人及び裁判所が果たすべき役割について述べたものである。医療訴訟のより適切かつ迅速な審理の実現のために，本指針の内容を理解し，活用が図られることを期待したい。

なお，本指針は，飽くまで医療訴訟の運営についての基本的事項を述べたものであり，随所に，当事者と裁判所が協議すると記載しているとおり，審理の画一化を目指すものではなく，裁判所と当事者が活発な意見交換を行い，各事案に即した審理と適切な解決を目指すことを予定している。

＜添付＞

別紙1 モデル訴状

別紙2 モデル答弁書

別紙3 医療訴訟の進行についてのお願い

---

[46] もとより，最終準備書面で新たな注意義務違反を主張したり，従前とは異なった医学的機序を主張したりすることは，想定されていない。

別紙4　プロセスカード記載例
別紙5　調書別紙記載例
別紙6　診療経過一覧表の作成について
別紙7　診療経過一覧表記載例
別紙8　書証・証拠説明書の提出について
別紙9　主張整理書面記載例　例1，例2

医療訴訟の審理運営指針（改訂版）

別紙1

収 入 印 紙

訴　　　状

（〇〇万〇〇〇〇円）

平成〇〇年〇〇月〇〇日

東京地方裁判所民事部　御中

　　　　　　　　　原告訴訟代理人弁護士　　　甲　田　太　郎　印

　〒〇〇〇－〇〇〇〇　東京都△△区□□〇丁目〇〇番〇号
　　　　　　　　　原　　　　　告　　　甲　野　一　郎
　〒〇〇〇－〇〇〇〇　東京都〇〇区××〇丁目〇番〇号□□ビル〇階
　　　　　　　　　甲田法律事務所（送達場所）
　　　　　　　　　上記訴訟代理人弁護士　　　甲　田　太　郎
　　　　　　　　　　　電話　03－〇〇〇〇－〇〇〇〇
　　　　　　　　　　　FAX　03－〇〇〇〇－〇〇〇〇
　〒〇〇〇－〇〇〇〇　東京都△△区□□〇丁目〇番〇－〇〇〇号
　　　　　　　　　被　　　　　告　　医　療　法　人　Y
　　　　　　　　　同 代 表 者 理 事 長　　乙　川　二　郎

損害賠償請求事件
　　訴訟物の価額　　〇〇〇〇万〇〇〇〇円
　　ちょう用印紙額　〇〇万〇〇〇〇円

証拠保全の表示　　東京地方裁判所平成〇〇年(モ)第〇〇〇〇号(注1)
第1　請求の趣旨
　1　被告は，原告に対し，〇〇〇〇万〇〇〇〇円及びこれに対する平成〇〇年〇
　　〇月〇〇日から支払済みまで年5分の割合による金員を支払え。
　2　訴訟費用は被告の負担とする。
　3　仮執行宣言

第2 請求の原因(注2)(注3)
 1 事案の概要
   本件は、被告の開設するY病院(以下「被告病院」という。)で○○の手術を受け、その後○○により死亡するに至ったAの相続人である原告が、Aが死亡したのは、被告病院の担当医師に○○、○○、……の注意義務違反があったからであると主張して、被告に対し、債務不履行又は不法行為に基づき損害の賠償を求める事案である。
 2 前提事実
  (1) 当事者
    ア Aは、……であり、原告はその○○で、相続人である。
    イ 被告は、……である。
  (2) 事実経過(注4)
    ア 被告病院を受診するまでの状況
      …………
    イ 被告病院における事実経過
     (ア) Aは、平成○○年○○月○○日、被告病院を初めて受診した。○○の所見が見られ、○○等の処方を受けた。
      …………
     (エ) Aは、平成○○年○○月○○日、被告病院に入院となった。
       入院時の診察、検査所見では、Aには、○○、○○、……が認められたが、○○、○○の所見は認められなかった(甲A○号証○頁)(注5)。
      …………
     (カ) Aは、平成○○年○○月○○日○時○分から○時○分まで、被告病院のB医師による○○術を受けた(以下「本件手術」という。)。
       B医師は、Aの○○の癒着をはがす際、○○動脈を損傷した(甲A○号証○頁)。
      …………
    ウ C病院転院後の事実経過
      …………
      その結果、Aは、平成○○年○○月○○日○時○分、○○○により死

亡するに至った（甲A○号証○頁）。
  (3) 結果発生に至る医学的機序^(注6)
    Aは，○○動脈を損傷したことによる○○○により○○○の状態に陥り，○○○により死亡するに至った。
3 医学的知見^(注7)
  (1) ○○病について
    ………… （甲B○号証○頁）
  (2) ○○症について
    ………… （甲B○号証○頁）
4 注意義務違反
  (1) 手術適応の判断を誤った注意義務違反
    ア 注意義務の具体的内容^(注8)
      B医師は，Aについて，○○の所見が認められず，○○検査の数値については○○以下に止まっており，○○の所見については○○に伴う症状と考えられるものであり，本件手術の適応は認められなかったから，本件手術を実施すべきではなかった。
    イ 注意義務を基礎づける事実^(注9)
      (ｱ) 平成○○年○○月○○日の入院時，Aには，○○，○○……が認められたが，○○，○○の所見は認められなかった（甲A○号証○頁）。
      (ｲ) 同月○○日に実施された○○検査の結果は，……というものであった（甲A○号証○頁）。
      …………
    ウ 注意義務を裏付ける医学的知見^(注10)
      (ｱ) ○○症については，○○，○○の症状が認められなければ，手術ではなく薬物・内科治療の適応となり，これらの症状が認められる場合であっても，○○検査の数値が○○以下であれば，○○のみ手術を行い，○○は手術不要であるとされている（甲B○号証○頁（平成○年））。
      …………
    エ 注意義務違反の具体的態様
      B医師は，手術適応の判断を誤り，Aに対して本件手術を実施した。
  (2) 手技上の注意義務違反

ア　注意義務の具体的内容(注11)

　　　B医師は，本件手術の際，深部に走行している○○動脈の走行に注意し，これを愛護的に扱うため，○○動脈の位置を確かめつつ，……するなどして，慎重にメスを進めるべき注意義務があった。

　イ　注意義務を基礎づける事実

　　(ｱ)　本件手術部位は，癒着で，○○動脈が容易には視認できない状況であった（甲A○号証○頁）。

　　…………

　ウ　注意義務を裏付ける医学的知見

　　　本件手術部位の深部に○○動脈が走行していることは，一般的知見である（甲B○号証）。

　エ　注意義務違反の具体的態様

　　　B医師は，○○動脈の位置を確かめず，……もせず，いきなり深くメスを進めた。

　　　なお，手術記録には，「○○動脈を損傷してしまった」との記載がある（甲A○号証○頁）(注12)。

(3)　説明義務違反

　ア　説明義務の具体的内容

　　　Aは，○○の状態にあったため，通常の場合と比べて，合併症として○○動脈を損傷する可能性が高かったものであり，B医師は，Aに対し，本件手術を実施するに当たり，このことを説明すべき義務を負っていた。

　イ　説明義務を基礎づける事実

　　　Aについては，本件手術前に実施された○○検査の結果，○○の状態であることが確認されていた（甲A○号証○頁）。

　ウ　説明義務を裏付ける医学的知見

　　　○○の状態にある者に対して○○術を実施する場合には，通常の場合と比べて，合併症として○○動脈を損傷する可能性が高いとされている（甲B○号証○頁）。

　エ　説明義務違反の具体的態様

　　　B医師は，Aに対し，本件手術を実施するに当たり，本件手術は安全な手術であると強調するばかりで，通常の場合と比べて，本件手術による合

併症として〇〇動脈を損傷する可能性が高いことについて何も説明しなかった。
　………

5　注意義務違反と因果関係のある結果(注13)(注14)

　以下に述べるとおり，上記4記載の各注意義務違反とAの死亡という結果との間には因果関係があり，各注意義務違反がそれぞれ独立の過失を構成する。

(1) 手術適応の判断を誤った注意義務違反について

　仮に，B医師が手術適応の判断を誤らなければ，Aが本件手術を受けることはなく，平成〇〇年〇〇月〇〇日に死亡することもなかった。

(2) 手技上の注意義務違反について

　仮に，B医師が〇〇動脈の位置を確認し，……するなどして慎重にメスを進めていれば，Aの動脈損傷を避けることができ，平成〇〇年〇〇月〇〇日に死亡することもなかった。

(3) 説明義務違反について

　上記説明義務違反がなければ，……

6　責任

(1) Aと被告は，平成〇〇年〇〇月〇〇日，診療契約を締結したものであるから，被告は，診療契約上の債務の不履行に基づき，Aの損害を賠償すべき義務がある（民法415条）。

(2) また，被告は，B医師の使用者であるから，被用者であるB医師の行為によりAらが被った損害につき，不法行為（使用者責任，民法715条）に基づき，損害を賠償すべき義務がある。

7　損害(注15)
　………

8　交渉の経過
　………

9　まとめ

　よって，原告は，被告に対し，債務不履行又は不法行為責任に基づき，損害賠償金〇〇〇〇万〇〇〇〇円及びこれに対する平成〇〇年〇〇月〇〇日から支払済みまで民法所定の年5分の割合による遅延損害金の支払を求める。

証拠方法

1 甲A第1号証 診断書
2 甲A第2号証 診療録（抜粋）
…………
6 甲B第1号証 医学文献
…………
18 甲C第1号証 戸籍謄本
…………

附属書類

1 訴状副本　　　　　　　　1通
2 甲号証写し　　　　　　　各2通
3 証拠説明書（甲A，甲B，甲C）　各2通
4 訴訟委任状　　　　　　　1通
5 資格証明書　　　　　　　1通

（注1） 提訴前に証拠保全のための証拠調べが行われたときは，証拠調べを実施した裁判所及び証拠保全事件の事件番号を記載する（民訴規則54条）。

（注2） 請求の原因はできる限り簡潔に記載することが望ましいが，事案の性質上大部とならざるを得ない場合には，目次を付けると分かりやすい。

（注3） 事案によっては，投薬の状況（薬剤の種類，投与量，投与時期が問題となる事案），検査結果の状況（検査の実施時期，その結果の推移が問題となる事案），医学用語（難解な医学専門用語が多数出てくる事案）などを表形式で整理して添付すると分かりやすい。

（注4） 注意義務違反，因果関係，損害等の法的判断に必要な範囲で診療経過及びその後の事実経過を記載する。

（注5） 注意義務違反を構成する上で重要な事実については，裏付けとなる書証を引用する。

（注6） 結果発生に至る医学的機序（結果発生に至る因果の流れ）は，注意義務違反，因果関係の判断の前提事項であるので，訴状において記載する。

（注7） 注意義務違反，因果関係について検討する上で必要な医学的知見を簡潔に説明し，書証として添付した文献の該当部分を引用する。

(注8) 医師に注意義務があったとする時点を特定するとともに，当該時点で医師は何をすべきであったか（何をすべきでなかったか）を具体的に主張する。

(注9) 注意義務が発生する根拠となる具体的な事実を診療経過の中から主張する。

(注10) 注意義務を裏付ける医学的知見を，書証を引用して記載する。医療水準が問題となる事案については，書証を引用する際に発行年も記載する。

(注11) 単に「○○を損傷した」という結果のみを主張するのではなく，それを避けるためにどのような手技を行うべきであったかを可能な限り特定して記載する。

(注12) 重要な間接事実が存在する場合には，主要事実と区別した上で，主要事実との関連性が分かるよう工夫して記載する。

(注13) 注意義務違反があったとする時点以後の医学的機序と医師が注意義務に従った場合に想定される結果とを比較しながら主張する。

(注14) 複数の注意義務違反を主張する場合には，それぞれが単独でも結果発生を招来するものか（独立の過失），複数の注意義務違反の競合によって結果が発生するものかを明示する。

(注15) 交通事故における損害の算定方法に準じて算定されることが多い。損害額の算定根拠について十分検討するとともに，必要に応じて，各注意義務違反と損害との対応関係についても明示する。

別紙2

平成○○年(ワ)第○○○号　損害賠償請求事件
　　　　　　　　　　　　　原　　告　　甲　野　一　郎
　　　　　　　　　　　　　被　　告　　医　療　法　人　Y

　　　　　　　　　　　答　弁　書

　　　　　　　　　　　　　　　　　　平成○○年○○月○○日
東京地方裁判所民事第○○部合○○係　御中
〒○○○－○○○○　東京都△△区□□丁目○○番○号
　　　　　　　　　　　　　　乙野法律事務所（送達場所）
　　　　　　　　　　被告訴訟代理人弁護士　　乙　野　次　郎　印
　　　　　　　　　　　　　電話　03－○○○○－○○○○
　　　　　　　　　　　　　FAX　03－○○○○－○○○○

第1　請求の趣旨に対する答弁
　1　原告の請求を棄却する
　2　訴訟費用は原告の負担とする
　との判決を求める。
第2　請求の原因に対する認否(注1)(注2)
　1(1)　請求の原因2(1)の事実は認める。
　　(2)　同2(2)について
　　　ア　同アのうち，○○，○○の事実は認め，○○の事実は知らない。
　　　イ　同イのうち，(ア)ないし(ウ)の事実は認める。(エ)のうち，入院時の診察，検査所見で，Aに○○，○○……が認められたことは認めるが，○○，○○の所見が認められなかったことは否認する。
　　　　…………
　　　ウ　同ウのうち，Aが平成○○年○○月○○日○時○分，○○○により死亡したことは認めるが，その余の事実は知らない。
　　(3)　同2(3)は認める。
　2　同3は認める。
　3(1)　同4(1)アは争う。同イ(ア)のうち，入院時Aに○○，○○が認められたことは認めるが，○○，○○の所見が認められなかったことは否認し，同イ(イ)

は認める。同ウは認め，同エは争う。
  (2)　同4(2)アのうち，本件手術において，B医師に原告主張の注意義務があったこと及びB医師がAの○○動脈を損傷したことは認めるが，その余は否認する。同イ，ウ及びエの前段（B医師に原告主張の注意義務があったこと）は認めるが，同エの後段（B医師が○○動脈の位置を確認しないまま，いきなりメスを深く進めた注意義務違反により，Aの○○動脈を誤って損傷したこと）は否認し，争う。
　　　なお，手術記録に原告主張の記載があることは認める。
  (3)　同4(3)アは認める。同イ及びウは認めるが，同エは否認する。
 4　同5及び6は否認ないし争う。
 5　同7については，……。(注3)
第3　被告の主張(注4)
 1　本件手術当時，Aには○○の所見が認められ，○○の危険もあったことからすると，B医師が，薬物・内科治療ではなく本件手術を行うこととした判断は適切であるし，本件手術部位は従前の手術のために高度に癒着した状態であったことからすると，本件手術中に生じた○○動脈の損傷は，やむを得ない合併症というべきであって，原告の主張する手術適応の判断を誤った注意義務違反及び手技上の注意義務違反はいずれも認められない。また，本件手術を実施するに当たり，B医師は，Aの病状，本件手術の内容と合併症の可能性，他に選択可能な治療方法の内容と利害得失，予後等についていずれも説明を尽くしており，原告の主張する説明義務違反も認められない。
 2　本件の診療経過(注5)
  (1)　被告病院初診時の状況（乙A○号証○頁）
        …………
  (2)　被告病院入院時までの診療経過（乙A○号証○頁）
        …………
  (3)　被告病院入院から本件手術時までの診療経過（乙A○号証○頁）
        …………
  (4)　本件手術時の状況（乙A○号証○頁）
        …………
  (5)　Aの死亡までの状況（甲A○号証○頁）

....

3　B医師の注意義務違反について
 (1)　手術適応の判断を誤った注意義務違反について
　　ア　関連する医学的知見
　　　　○○症については，○○，○○の症状が認められなければ，薬物・内科療法の適応となり，これらの症状が認められる場合であっても，○○検査の数値が○○以下である場合には，○○が疑われない限り，○○の手術は行わないのが一般である。しかし，○○の場合には，放置すると○○を来す危険が否定できず，この場合，薬物・内科療法を継続しても，○○が○○ことから，○○には有効でないことが知られている（乙B○号証○頁）。さらに，○○を投与した場合には，かえって○○のリスクが高くなることから（乙B○号証○頁），○○の所見が認められる場合には，薬物・内科療法ではなく，手術を選択するのが一般的である。
　　イ　本件手術の適応
　　　　本件手術当時，Aには，○○の所見が認められ，○○が疑われたことから，B医師は，○月○日，○○の検査を行った。その結果，○○の数値は○○であったものの，○○の場合であったから，B医師は，Aについて本件手術適応と判断し，本件手術を実施したものである。
　　　　したがって，本件手術の適応に係るB医師の判断は適切であり，この点について原告主張の注意義務違反は認められない。
 (2)　手技上の注意義務違反について
　　ア　医学的知見
　　　　○○動脈は，○○の深部を○○膜内側に接して走行しており，本件手術により○○を摘出するに際しては，○○から○○に向かってメスを入れ，○○に沿って，○○膜を剥離しながら，慎重にメスを進める必要がある。しかし，同部位に手術歴があり高度の癒着が存する場合は，○○動脈を損傷せず，○○膜から剥離することは極めて困難であることが知られている（乙B○号証○頁）。
　　イ　本件手技
　　　　B医師は，○○から○○方向に向かってメスを入れ，○○に沿って，○○動脈を損傷しないよう，慎重に○○膜を剥離しながらメスを進めた。

しかし，Aは，○年○月○日，○○病により○○の手術を受けており，その際，○○であったことから，○○の部位には極めて高度の癒着が認められ，○○動脈を損傷せずにこれを○○膜から剥離することは客観的に極めて困難な状況であった（乙A○号証○頁）。

B医師は，○○動脈を損傷した場合には，○○の処置をとる態勢を整えた上，さらに慎重にメスを進めたものの，○○動脈の損傷は避けられず，○○の処置をしたものの，Aの血管は○○により極めて脆弱な状態にあったことから，結局縫合不全を来し，○○により死亡するに至った。しかし，これは，上記のとおりの不可避の合併症によるものというべきであり，B医師に手技上の注意義務違反は認められない。

(3) 説明義務違反について

B医師は，本件手術の1週間前である○月○日○時から○時ころまでの間，Aの病室において，Aに対し，Aの病状，本件手術の内容，上記を含む合併症の可能性，他に選択可能な治療方法の内容と利害得失，予後等について……と説明し，その旨が記載された書面とともに，本件手術についての同意書を交付し，さらに本件手術の3日前である○月○日○時から○時ころまで，カンファレンスルームにおいて，Aと原告及びAの長男を交えて，再度上記と同様の説明を行った上で，その場でAから本件手術の同意書（乙A○号証○頁）を受領したものであって（乙A○号証○頁），B医師について，原告主張の説明義務違反は認められない。

4 よって，B医師について，原告の主張する注意義務違反はいずれも認められず，原告の請求は理由がない。

証拠方法

1 乙A第1号証　　診療録（訳文付き）
2 乙A第2号証　　看護記録
3 乙A第3号証　　手術記録（訳文付き）
…………
6 乙B第1号証　　医学文献

（注1）　被告としては，提訴後の時間的制約はあり得るものの，できる限り実質

的な反論を行う必要がある。
(注2) 注意義務違反の有無や因果関係についての被告の主張・見解は,「第3 被告の主張」のような形で,簡潔に整理した上積極的に主張する方が分かりやすいが,その前提となる原告の主張事実に対する認否も,概括的なものに終始するのではなく,できる限り丁寧かつ具体的に行っておく必要がある。
(注3) 注意義務違反や因果関係を争う場合でも,損害について,因果関係上の問題点等にも留意しながら,できる限り具体的に認否等を記載する。
(注4) 診療経過,注意義務違反及び因果関係等について,当該事案における争点を意識して,被告の主張(認識)を分かりやすく記載する。
(注5) 原告の診療経過の主張に対する認否と重複する部分はあるが,被告の主張との関係において意味のある事実(診療経過)をまとめて記載する方が分かりやすい。併せて,診療経過一覧表を作成する。

医療訴訟の審理運営指針（改訂版）

別紙3

当事者（代理人）各位

　　　　　　　　　　東京地方裁判所民事第〇〇部
　　　　　　　　　　FAX：03-****-****
　　　　　　　　　　E-mail：TOKYO.CH.**MINJI@courts.jp

　　　　　　医　療　訴　訟　の　進　行　に　つ　い　て　の　お　願　い

　医療訴訟の適正かつ迅速な審理を実現し、計画的な進行を図るため、以下の点についてご協力をお願いします。
■　**基本的書証の早期提出**
　・争点整理終了までに、弾劾証拠を除く全ての書証を提出してください。なお、提出の方式については「書証及び証拠説明書の提出についてのお願い（医療訴訟）」を参照してください。

　　　診療録などの早期提出
　　　　診療経過を明らかにするための基本的な書証として、医療側（被告）は、診療録やX線、CT、MRI画像などを速やかに提出してください。

　　　文献などの早期提出
　　　　主張を裏付ける医学的知見を示すために、医学文献を早期に提出してください。

　　　文書送付嘱託
　　　　第三者（転院先の病院、搬送を行った救急隊など）が患者の診療に関係している場合、必要に応じて文書送付嘱託・書面尋問などの申立てをしてください。

■　**争点整理の進め方**
　・事実関係の主張や法的主張を的確に整理するため、診療経過一覧表や主張整理書面の作成にご協力ください。

　　　診療経過一覧表の作成
　　　　事実関係の主張については、法的主張と峻別して分かりやすく整理するため、診療経過一覧表を作成してください。なお、作成については、「診療経過一覧表の作成について」を参照してください。
　　　　事案に応じて、検査結果一覧表や投薬一覧表等の作成をお願いすることもあります。

　　　主張整理書面の作成
　　　　争点及び法的主張について、裁判所と当事者が共通の認識を作り上げるため、争点整理手続において主張整理書面を、裁判所と協議の上、作成してください。

■　**争点整理段階での専門的知見の活用**
　・当該事案における真の問題点を明確に把握し、証人尋問を効果的に行うために、争点整理段階から専門家の協力を得ながら手続を進めることが有効です。

　　　意見書の提出
　　　　第三者的立場にある医師の意見書の提出を検討してください。

　　　専門委員・調停制度の活用
　　　　専門家の協力を得る方法として、専門委員を交えた争点整理や付調停による調停委員の意見聴取を行うこともできます。

別紙4

平成○○年(ワ)第○○○○○号
【原告】○○　　　　　　(代)□□
【被告】○○　　　　　　(代)□□

プロセスカード

平成24年9月14日　午前10時30分　第8回弁論準備手続期日

本期日の手続内容		
原告	主張関係	第5準備書面陳述
	立証関係	甲A15号証提出 人証申請
被告	主張関係	準備書面（4）陳述 主張整理案（H24.9.14付け被告加筆）提出
	立証関係	乙B13号証提出 後医（期日間に新たに判明したもの）に対する文書送付嘱託申立て
裁判所		診療経過一覧表を調書添付

次回期日までの準備			
	準備内容	期限	
原告	・主張整理案についての意見（あれば） ・協力医の意見書に関する追加の文献（術式の選択に関する当時の医療水準について）	10月21日まで 同上	□ □
被告	・陳述書 ・追加意見書（被告主張の医学的機序について補充） ・人証申請	10月21日まで 同上 同上	□ □ □
裁判所	・後医に対する文書送付嘱託 ・主張整理案の確認	期日間 期日まで	□ □

次回期日	平成24年10月28日　午後3時30分（第9回弁論準備手続期日） 14階民事第○○部準備手続室

〔その他特記事項〕
　　次々回期日　平成24年12月6日　10時30分～16時00分
　　　　　　　（第2回口頭弁論期日・証拠調べ）法廷○○○号法廷

　　　　　　　尋問順序
　　　　　　　（10：30～）　　　　　　主尋問　反対尋問
　　　　　　　　①原告本人　　　　　　　15分　　15分
　　　　　　　　②被告証人（担当医）　　30分　　30分
　　　　　　　（13：30～）
　　　　　　　　③原告証人（協力医）　　30分　　30分
　　　　　　　　④被告証人（協力医）　　30分　　30分
　　　　　　　※　機材：シャウカステンは使用しない

代理人各位
　　本書面は，双方代理人と裁判所との間で審理の経過及び今後の進行について共通認識を形成することなどを目的として作成するものです。代理人の備忘，当事者関係者に対する説明等に適宜ご利用下さい。なお，本書面は，事務連絡文書として記録に綴られます。
　　　　　　　東京地方裁判所民事第○○部合議○係　裁判所書記官　○　○　○　○
　　　　　　　　　　　　　　　ダイヤルイン　03-3581-＊＊＊＊
　　　　　　　　　　　　　　　E-mail：TOKYO.CH.○○MINJI@courts.jp

別紙5

調書別紙例
（平成24年9月20日の弁論準備手続期日を想定して作成したもの）

（別紙）
【次回期日（平成24年11月20日）までの準備事項】
原告ら　　□1　診療経過一覧表の原告反論欄記載
　　　　　□2　準備書面及び書証の提出（C型肝炎の経過観察の在り方の一般論についての主張及び文献の提出とこれらの本件への当てはめの主張）

平成24年10月31日まで

被告ら　　□1　下記(1),(2)の点を含め，原告ら提出予定の準備書面への反論
　　　　　　　(1)　AFP等C型肝炎の経過観察に用いる血液検査値の意義
　　　　　　　(2)　エコー検査の意義及びC型肝炎の経過観察における位置付け
　　　　　□2　書証（上記1に関する文献の提出）

平成24年11月13日まで

【次回期日以降の準備事項】
原告ら　　□　立証方針，特に，協力医の意見書提出の可否について回答

次々回期日まで

別紙6

診療経過一覧表の作成について

　以下の点に留意して，診療経過一覧表を作成してください。なお，この作成について疑問がある場合には，裁判所にお尋ねください。

1　記載すべき内容
　(1)　診療経過一覧表は，客観的な診療経過を一覧的に明らかにすることを目的としています。したがって，診療録や看護記録等に基づいた客観的事実を記載し，評価にわたる事柄（過失，因果関係等に関する評価）は準備書面において主張してください。
　(2)　客観的な証拠による裏付けについては，「証拠」欄に証拠の番号及び頁数を記載してください。
　(3)　客観的な証拠による裏付けがない事実は，なるべく記載しないようにしてください。どうしても記載する必要があって記載する場合は，その箇所に下線を引いてください。

2　一般的な作成手順
　(1)　まず，患者の診療に携わった被告側が，原則として第1回弁論準備期日までに，原案を作成して提出していただくようお願いします。なお，裁判所にひな形のデータがありますので，これを利用していただくこともできます（裁判所に対しご依頼のメールを頂ければ，データを添付して返信する形でお渡しいたします。）。
　　　ただし，原案の段階では，原告の訴状に記載された過失及び因果関係の主張に応じて，被告において重要と考える診療経過を中心に記載し，本件と関係が薄いと考える診療経過については簡潔に記載していただくことで結構です。
　(2)　原告は，(1)により被告が記載した診療経過について争うべき点がある場合は，その点について原告の主張する客観的経過を，「原告の反論」欄に記載してください。
　(3)　被告は，(2)により「原告の反論」欄に記載された診療経過のうち争わない診

療経過を,「診療経過」欄に改めて記載してください(「原告の反論」欄はそのまま)。
(4) 原告は,(3)の記載を受けて,「原告の反論」欄の記載を整理してください(「診療経過」欄はそのまま)。
(5) 「診療経過」欄は被告側のみが,「原告の反論」欄は原告側のみがそれぞれ手を加え,互いに相手方の欄には手を加えないようにしてください。
(6) 追加訂正をした場合は,その箇所の文字色を変更してください。
(7) 別紙に診療経過一覧表の一例及び(2)ないし(6)の作成手順の一例を示します。

3 診療経過一覧表の提出及び交換は,電磁データ(電子メール又はCD-ROMの利用)によってください。
　また,提出する際には,診療経過一覧表に表紙を付して,作成日時,作成事項等を記載して,履歴を明らかにしてください。

4 完成した診療経過一覧表は,争点整理手続が終結した段階で,当事者の陳述として調書に添付することを予定しております。

5 必要に応じ,別途,検査数値のみを記載した検査結果一覧表や,投薬一覧表などの作成をお願いすることがあります。

以上

【診療経過一覧表作成の一般的な流れ】

医療側（被告） ← → 患者側（原告）

① 「診療経過」欄への記入
③ 「原告の反論」欄のうち争わない事実を「診療経過」欄に記入

電磁データの交換

② 「原告の反論」欄に，原告が主張する事実を記入
④ ③に応じて，「原告の反論」欄の記載を整理

※上記①ないし④を繰り返し，双方とも新たに入力した部分には下線
　カルテ等の書証の番号及び頁数を明記

・上記のプロセスを整序

裁判所

完成した一覧表を，
・調書に添付
・調停，専門委員関与手続等において利用
・証拠調べ（証人尋問，鑑定）において利用
・判決書に活用

別紙7

診療経過一覧表　平成○年(ワ)第○○号損害賠償請求事件

作成履歴	作成者
H23.5.18 被告初回作成	被告
H23.7.15 反論欄：初回作成	原告
H23.9.14 診療経過欄：追加記入	被告
H23.10.28 反論欄：争いのない部分を削除 追加記入（赤字部分）	原告
H23.12.3 診療経過欄：追加記入（赤字部分）	被告

診療経過一覧表　平成○年（ワ）第○○号損害賠償請求事件

日時	診療経過（入通院状況・主訴・所見・診断）	検査・処置	証拠	原告の反論	証拠
H16.2.22 初診	子宮頸部は白色上皮を伴うポリープ状で粗造。ECHO上子宮頸管内膜1.1cm。子宮内膜2.0cmと肥厚。	超音波検査	乙A1 P26	事実経過について各観的証拠がある場合は、「証拠」欄に書証番号を記入してください。書証が複数ページにわたる場合は、ページ番号を引用してください。	
H16.2.27	手術を予定		乙A1 P4		
H16.2.27	直腸診・超音波診断：子宮癌第Ⅲ期	鑑光浄CM鑑錠1錠 超音波検査	乙A1 P6		
H16.3.3		DIP（腎孟造影）肺機能検査	乙A1 P7		
H16.3.4	「下腹部が痛む」との訴えあり	MRI（核磁気共鳴検査）	乙A1 P5, 15		
H16.3.5 入院		注腸検査	乙A1 P7		
H16.3.7	全身良好。訴えなし		乙A2 P12	「お腹が痛い」との訴えあり	乙A2 P21
H16.3.8		CT	乙A2 P12		
H16.3.10	手術承諾				
H16.3.11 手術	広汎性子宮摘出術　術者：○○・△△・□□		乙A2 P9		
9：30	出血量1,300ml 輸血：濃厚赤血球、凍結血漿 手術は取り残しなし。しかし出血多く止血せず手宮はとれており、そこから止血操作を始めた。患者には著変なし。		乙A2 P7, 9	止血操作を始めたのは12：17 患者の容態は悪化していった。 血圧92／60	乙A2 P24 乙A2 P18 乙A2 P9
13：42	出血量が多いため、ガーゼ3枚を投入。出血止まる。止血可能と考え、ガーゼを外す		乙A2 P9		
21：30	死亡				

― 194 ―

医療訴訟の審理運営指針（改訂版）

【作成手順の一例】

①原告：原告の反論欄に記入

日時	診療経過（入通院状況・主訴・所見・診断）	検査・処置	証拠	原告の反論	証拠
H16.3.11 9：30 手術	出血量 1,300 ml 輸血：濃厚赤血球・凍結血漿 術後診断：体癌Ⅱ期 子宮はとれており、そこから止血操作を始めた。 患者には著変なし。		Z A2 P7、9	止血操作を始めたのは 12：17 同時点での血圧 92／60 患者の容態は悪化していった。	Z A2 P24 Z A2 P18 Z A2 P9

②被告：診療経過欄に記入

日時	診療経過（入通院状況・主訴・所見・診断）	検査・処置	証拠	原告の反論	証拠
H16.3.11 9：30 手術	出血量 1,300 ml 輸血：濃厚赤血球・凍結血漿 術後診断：体癌Ⅱ期		Z A2 P7、9	止血操作を始めたのは 12：17 同時点での血圧 92／60 患者の容態は悪化していった。	Z A2 P24 Z A2 P18 Z A2 P9
12：17 (赤字)	子宮はとれており、そこから止血操作を始めた。 患者には著変なし。 血圧 92／60（赤字）		Z A2 P9、24（赤字）		

③原告：原告の反論欄を整理

日時	診療経過（入通院状況・主訴・所見・診断）	検査・処置	証拠	原告の反論	証拠
H16.3.11 9：30 手術	出血量 1,300 ml 輸血：濃厚赤血球・凍結血漿 術後診断：体癌Ⅱ期		Z A2 P7、9		
12：17	子宮はとれており、そこから止血操作を始めた。 血圧 92／60		Z A2 P9、24	患者の容態は悪化していった。	Z A2 P18

別紙8

　　　　書証及び証拠説明書の提出についてのお願い（医療訴訟）

　医療訴訟の適正迅速な審理の実現のため，書証及び証拠説明書の提出に当たっては，以下のとおりご協力をお願いします。

> 書証の提出

【書証番号】
　以下の分類に従って書証番号をつけてください。（例：甲Ａ第１号証，乙Ｂ第５号証）

　　Ａ号証　医療・看護・投薬行為等の事実経過などに関する書証
　　　　　　診療録，看護記録，Ｘ線画像，ＣＴ画像，ＭＲＩ画像，各種検査記録，診断書，処方箋，投薬指示書，説明同意書，紹介書，問診票，死体検案書，医療行為の経過や根拠に関する陳述書
　　Ｂ号証　医療行為等の評価に関する書証，一般的な医学的知見に関する書証
　　　　　　協力医の意見書，教科書，論文，学会の報告書，専門雑誌，診療ガイドライン，医薬品添付文書
　　Ｃ号証　損害立証のための書証，その他
　　　　　　治療費の領収証，通院交通費の領収証・明細書，給与所得の源泉徴収票，保険会社の査定書，損害内容に関する陳述書，示談書，戸籍関係書類，その他明確に分類できないもの

【提出に当たっての注意事項】
　１　診療録は，外来と入院及び診療科目を区別した上で，各診療録ごとに書証番号及びページ番号を付してください（これらの番号には，枝番号は使用しないでください。）。また，診療録には，翻訳を付けて下さい。なお，外国語ではない部分についても，略語や判読しにくい文字などには，翻訳の場合と同様に注意書きを付けてください。
　２　いわゆる電子カルテの提出に当たっては，出力条件や印刷条件等によって，

印字される内容やその順序が異なってくる（例えば更新履歴の有無等）ことから，具体的な出力条件の設定等については，必要に応じて裁判所と協議してください。

3　写真，X線画像その他の画像の提出に当たっては，撮影者，撮影対象，撮影年月日及び撮影場所を明確にし，必要に応じて説明書を添付してください。画像等が電磁データとして保存されている場合は，CD－Rなどの記録媒体に複写の上，提出してください（必要に応じて，印刷したものの提出をお願いすることがあります。）。

4　論文等の文献については，重要な箇所をラインマーカー等で明示してください。重要部分に外国語が含まれている場合は，翻訳を付けてください。翻訳の際，医学用語に対する解説は記載しないでください。提出に当たっては，文献の奥付（雑誌の場合は表紙）などを添付して，出典を明らかにしてください。

証拠説明書の提出

「証拠説明書」は，ABCの符号別にそれぞれ別書面として作成してください。

調書の書証目録の作成に際し，原則として証拠説明書を引用する取扱いとしておりますので，証拠説明書（特に標目）の記載は正確にしてください。

なお，記載例及び記載上の留意事項を添付しましたので参考にしてください。

証拠説明書（甲A号証）

(記載例1)

号証	標　目	原・写	作成年月日	作成者	立証趣旨等
A○	健康手帳	原本	H18.8.19	㈱○○製作所	亡○○が勤務先会社において健康診断を受診した際に，心電図異常所見が一切認められなかったこと

(記載例2)

号証	標　目	原・写	作成年月日	作成者	立証趣旨等
A○	陳述書	原本	H23.11.23	原告○○	手術後に主治医らから受けた，手術前の検査結果及び手術時の経過報告の内容

(記載例3)

号証	標　目	原・写	作成年月日	作成者	立証趣旨等
A○	X線画像	写し	H23.1.30 AM11:35	被告病院	撮影対象　本件検査時に撮影された原告の胸部レントゲン写真 　本件検査時に原告の胸部に○○の兆候が明らかであったこと

(記載例4)

号証	標　目	原・写	作成年月日	作成者	立証趣旨等
A○	写真	原本	撮影年月日 H22.6.28	撮影者○○	撮影対象　○○ 撮影場所　○○ 　本件患者○○の○○手術時の○○部分の状況

※　1　撮影対象は，立証趣旨等でより具体的に特定してください。
　　2　撮影年月日は，必要に応じて時間も記載してください。

(記載例5)

号証	標　目	原・写	作成年月日	作成者	立証趣旨等
A○	写真撮影報告書	原本	H20.11.9	原告代理人○○	①撮影者②撮影対象③撮影年月日④撮影場所は，報告書に記載のとおり 　原告○○の現在の○○部分の傷の状況

医療訴訟の審理運営指針（改訂版）

証拠説明書（甲B号証）

（記載例1）

号証	標目	原・写	作成年月日	作成者	立証趣旨等
B○	文献「標準○○症学」（抜粋）	写し	H21.3.15	○○著（又は，○○編）（○○書院）	○○の発症機序及び治療方法

※ 文献（教科書・論文等）を書証として提出する場合は，教科書については出版社名だけではなく，当該部分の著者名を，論文については，その論文が掲載されている学会誌等の名称及び執筆者名を明確にしてください。

（記載例2）

号証	標目	原・写	作成年月日	作成者	立証趣旨等
B○	文献（論文）「○○感染により惹起された○○の1例」	写し	H22.1.10	○○，○○著（○○学会誌○・○号所収）	○○症と○○膿瘍との関係について

証拠説明書（甲C号証）

（記載例1）

号証	標目	原・写	作成年月日	作成者	立証趣旨等
C○	戸籍謄本	原本	H23.10.4	○○区長	原告らの身分関係

（記載例2）

号証	標目	原・写	作成年月日	作成者	立証趣旨等
C○	給与所得の源泉徴収票	原本	H21	㈱○○製作所	亡○○の平成16年度の給与所得

証拠説明書（乙A号証）

（記載例1）

号証	標目	原・写	作成年月日	作成者	立証趣旨等
A○	外来診療録（循環器内科）（送付嘱託分）	原本	H22.4.28～H22.9.13	○○病院	初診時における本件患者の主訴及び通院時の診療経過 ※ラインマーカーは翻訳部分

※ 送付嘱託書類を書証として提出する場合は，「標目」欄に（送付嘱託分）と記載してください。

（記載例2）

号証	標目	原・写	作成年月日	作成者	立証趣旨等
A○	入院診療録（産婦人科）	原本	H21.5.12～H21.6.7	○○病院	(1) 亡○○の死亡原因 (2) 亡○○の入院から死亡に至るまでの診療経過

（記載例3）

号証	標目	原・写	作成年月日	作成者	立証趣旨等
A○	陳述書	原本	H24.2.18	被告医師○○，○○	主治医らが各担当時期において本件患者の病態を的確に把握し，当時における最新技術を取り入れて治療及び手術に当たり，患者の病態の改善と治癒に向けて努力を重ねたこと

証拠説明書（乙B号証）

（記載例1）

号証	標目	原・写	作成年月日	作成者	立証趣旨等
B○	○○（薬品）の添付文書	写し	H24.1.30	○○製薬	○○薬が○○の症状には禁忌とされていること

別紙9　例1

主張整理書面
（最判平成11年2月25日民集53巻2号235頁の事案を参考に作成したもの）

原告らの主張	被告の主張
争点1　平成18年1月5日，肝細胞癌を疑い精密検査等をすべき義務の存否	
①患者は，遅くとも昭和55年からC型肝炎であったこと，②平成14年から被告病院で経過観察を受けており，平成17年11月5日時点では，AFPは97であって，平成18年1月5日には，156と増加しているところ，一般的に，AFP値が急激に増加した場合には，200に達しなくとも，肝細胞癌の可能性は高いと解されること，③患者が，平成18年1月5日以前に超音波検査をしたのは，平成17年9月8日であって，約4か月前であること，④超音波検査は無侵襲で，小腫瘍の検出に優れていることからすると，被告担当医としては，平成18年1月5日の時点で，少なくとも，超音波検査をすべき義務があったのに，これを怠った。	患者の症状の経緯，超音波検査の一般論は認めるが，その余は争う。 　一般に，AFP値が200以上で肝細胞癌を疑うべきであって，平成18年1月5日の時点で，超音波検査等の検査をしなかった，被告担当医の判断が不適切とはいえない。 　なお，原告らが主張するように，AFP値の経過を考慮すべきであるとすると，超音波検査上肝細胞癌が認められなかった平成17年9月8日のAFP値が115であって，それが後に下がっていることも考慮すべきであって，そうすると，平成18年1月5日，数値が一定数上がったとしても，その時点で，超音波検査をしなかった，被告担当医の判断は合理的である。
争点2　争点1の義務違反と患者の死亡との因果関係	
被告担当医が，平成18年1月5日，超音波検査を実施していれば，その頃，初期の肝細胞癌を発見することができ，手術によって根治が可能であって，少なくとも，患者の平成19年3月3日の死亡を避けることができた。	原告らの主張は，否認，ないし，争う。 　平成18年1月5日，3月3日のAFP値からすると，同年1月5日の時点では，肝細胞癌は発症していない，或いは，発症していたとしても，超音波検査で発見できない程度の微細なものであったから，当時，超音波検査をしても，発見できなかった。 　また，仮に，発見できたとすれば，それが初期であって，手術によって根治ないし延命が可能であったかは不明である。
争点3　争点1の義務違反がない場合の患者の死亡を避ける相当程度の可能性の有無	
争点2の場合，仮に，患者の平成19年3月3日時点の死亡を避ける蓋然性が認められないとしても，その相当程度の可能性はある。	争点2と同様の理由で，死亡を避ける相当程度の可能性もない。

別紙9 例2

主張整理書面
(最判平成11年2月25日民集53巻2号235頁の事案を参考に作成したもの)

第1 前提事実
 1 当事者
  (1) 患者は，昭和10年5月8日生まれの男性である。
  (2) 原告らは，患者の配偶者及び子である。
  (3) 被告は，○○病院(以下「被告病院」という。)を開設する医療法人である。
 2 診療経過等
  (1) 患者は，平成9年11月にB型肝炎による肝硬変であるとの診断を受けて以降，同月から平成13年7月21日まで毎月1回程度の頻度で継続的に，被告病院に通院し，肝臓病の専門医である被告担当医の診療を受けていた。
  (2) 患者は，平成16年11月5日に，AFP検査を受けたところ，AFP値は97であった。
  (3) 患者は，平成17年1月5日に，AFP検査を受けたところ，AFP値は156であった。
  (4) 患者は，平成17年7月21日，B病院に緊急入院し，CT検査，超音波検査等を受けたところ，肝細胞癌が発見され，これが破裂して腹腔内出血を起こしていることが判明したが，既に処置の施しようのない状況であった。
  (5) 患者は，平成17年8月1日，肝細胞癌及び肝不全により死亡した。

第2 当事者の主張
 1 争点1 (平成17年1月5日，肝細胞癌を疑い，腹部超音波検査やCT検査を実施すべき義務の存否)
  (原告らの主張)
   一般に，AFP値が急激に増加した場合には200に達しない場合であっても，肝細胞癌の可能性が高いとされているところ，本件においては，前記第1の2(2)及び(3)記載のとおり，平成16年11月5日から平成17年1月5日にかけて，AFP値が97から156に増加しており，肝細胞癌を疑うべき検査結果が現れていたのであるから，肝細胞癌を疑い，腹部超音波検査やCT検査を実施すべき義務があった。この点，被告は，一般に，AFP値が200を超えた場合には肝細胞癌を疑うべきとされているが，本件では200を超えていないから疑うべき義務がなかったと主張するが，200を超えて初めて疑うべきであるとすると，完全な治療は期待できないのであり，200に達しない場合であってもAFP値が急激に増加した場合には，早期発見の見地から肝細胞癌を疑うべきであるから，被告の主張には理由がない。
   また，肝硬変患者については肝癌になる危険性が高く，医師としては，定期的な検査により早期発見，早期治療に努めることが必要であるとされていること，超音波検査は無侵襲で小腫瘍の検出に優れていることからすると，被告担当医は，3か月に1回は超音波検査を行うべきである。そして，被告担当医が，平成17年1月5日以前に超音波検査をしたのは，平成16年9月8日であって，約4か月前であったのであるから，被告担当医としては，平成17年1月5日の時点で，少なくとも超音波検査をすべき義務があったのに，これを怠った。
  (被告の主張)
   一般に，AFP値が200以上となった場合に肝細胞癌を疑うべきとされており，平成17年1月5日の時点で，AFP値の検査結果から超音波検査等の検査をしなかった被告担当医の判断が不適切とはいえない。
   なお，原告らが主張するように，AFP値の経過を考慮すべきであるとすると，超音波検査上肝細胞癌が認められなかった平成16年9月8日のAFP値が115であって，それが後に下がっていることも考慮すべきであって，平成17年1月5日，数値が一定程度上がったとしても，その時点で，超音波検査をしなかった被告担当医の判断は合理的である。
   また，原告らは3か月に1回は超音波検査を行うべきであると主張するが，原告らの主張する検査の頻度はC型肝炎によって肝硬変になった患者に対する検査の頻度であって，本件の患者はB型肝炎患者であるから，直ちにC型肝炎の場合と同程度の頻度の検査をすべきことにはならない。B型肝炎ウイルスの保有者は，感染した時点で既に肝癌に関してハイリスクグループに属し，肝炎の進行度にかかわらず，頻回の検査を行うべきとされているものの，機械的な検査を長期間繰り返すことは，患者の負担となり，やがて通院しなくなることは明らかであって，どこの病院も血液検査や年2，3回のAFP検査，年2回程度の超音波検査を行い，それにより異常が認められたときに更なる検査を行っているのが実情である。
   したがって，平成17年1月5日時点で，超音波検査やCT検査を実施すべきとする原告ら主張の義務は認められない。
 2 争点2 (争点1の義務違反と患者の死亡との因果関係)
    (略)
 3 争点3 (争点1の義務違反がない場合の患者の死亡を避ける相当程度の可能性の有無)
    (略)
 4 争点4 (損害)
    (略)

以上

東京地方裁判所医療事件統計

表1 新受件数

	平成23年	平成24年	平成25年	平成26年	平成27年
医療事件	149	139	146	204	159

表2 終局区分別事件数・事件割合

終局区分	平成23年		平成24年		平成25年		平成26年		平成27年	
	既済件数	事件割合	既済件数	事件割合	既済件数	事件割合	既済件数	事件割合	既済件数	事件割合
判決	51	36.17%	72	38.50%	78	44.57%	55	41.04%	45	31.91%
決定	0	0.00%	0	0.00%	0	0.00%	0	0.00%	0	0.00%
命令	0	0.00%	0	0.00%	0	0.00%	0	0.00%	0	0.00%
和解	78	55.32%	96	51.34%	88	50.29%	61	45.52%	77	54.61%
放棄	0	0.00%	0	0.00%	0	0.00%	0	0.00%	0	0.00%
認諾	0	0.00%	0	0.00%	0	0.00%	0	0.00%	0	0.00%
取下げ	9	6.38%	12	6.42%	6	3.43%	10	7.46%	7	4.96%
その他	3	2.13%	7	3.74%	3	1.71%	8	5.97%	12	8.51%
計	141	100.00%	187	100.00%	175	100.00%	134	100.00%	141	100.00%

表3 鑑定実施率

鑑定実施	平成23年		平成24年		平成25年		平成26年		平成27年	
	事件数	鑑定実施率	事件数	鑑定実施率	事件数	鑑定実施率	事件数	鑑定実施率	事件数	鑑定実施率
有	4	2.84%	5	2.67%	5	2.86%	1	0.75%	5	3.55%
無										
計	141		187		175		134		141	

表4 調停利用の有無と終局区分ごとの事件数

調停終了事由	平成23年	平成24年	平成25年	平成26年	平成27年
調停成立	1	2	0	0	1
調停不成立	1	6	1	2	0
取消し	0	0	0	0	0
本案取下げ	0	0	0	0	0
計	2	8	1	2	1

表5 専門委員関与の有無と終局区分ごとの事件数

専門委員関与	平成23年	平成24年	平成25年	平成26年	平成27年
有	2	8	8	2	6
無					
計	141	187	175	134	141

表6 診療科目別の既済事件数

	平成23年	平成24年	平成25年	平成26年	平成27年
内科			27	23	21
小児科			0	3	2
精神科			4	5	1
皮膚科			1	0	0
外科			22	16	17
整形外科			19	13	11
形成外科			13	12	22
泌尿器科			7	0	5
産婦人科			9	7	7
眼科			5	3	4
耳鼻咽喉科			2	0	1
歯科			29	29	27
麻酔科			1	0	0
介護・看護上の過失			17	11	9
救急			3	1	4
その他			16	11	10
計			175	134	141

※ 表1ないし表3,表4及び表5は,東京地方裁判所の自庁統計によるものである。東京地方裁判所では,診療報酬請求事件,債務不存在確認請求事件など,損害賠償請求事件以外の類型の事件であっても,医療行為の適否が争点となり,審理において医学的知見を要する事件であれば,医療事件として扱っている(法曹時報67巻7号)。
※ 表4は,最高裁判所の司法統計によるものであり,医療に関する損害賠償請求事件を集計している。平成27年の数値は速報値である。

大阪地方裁判所医事部の審理運営方針
（平成28年1月現在）

第1 はじめに

　医事部（第17，第19，第20民事部）は，平成13年から蓄積してきたノウハウを，平成22年にまとめて「大阪地方裁判所医事部の審理運営方針」として公表した（判タ1335号5頁）。そして，多忙な代理人等にごく短時間で要点を把握してもらえるようにダイジェスト版を作成して，大阪地裁のホームページに掲載しているところ，公表後5年を経過したことに鑑み，若干の修正を加えた。

　なお，この方針は，審理運営についての基本ないし原則的な扱いを示すものであり，個々の事案に応じ異なる取扱いをすることを否定するものではないことは従前と同様である。

第2 第1回口頭弁論期日までの当事者の活動
1 原告の活動
(1) 提訴前準備

> 提訴前に，診療経過に関する情報収集と協力医のバックアップを得て，十分な準備をする。

ア 診療経過についての情報の収集―診療録等の入手について

> ① 証拠保全，任意開示等適宜の方法を用いて診療録等を入手し，検討する。
> ② 診療行為が問題となっている医療機関の診療録等に加え，他の医療機関等の記録についても，必要に応じて入手する。

イ 医学的知見の獲得

> ① 医学文献の調査に加え，適切な協力医から意見を聴取するこ

とにより，医学的知見を獲得する。
② 可能であれば，協力医から意見書を取得する。意見書取得に至らなくても，提訴後の意見書作成及び証人としての出廷の内諾を得ておくことが望ましい。

(2) 訴えの提起

ア 被告の選択

① 被告としては，使用者としての（直接責任の場合もあり得る。）法人又は医師，現実に診療を行った医師その他の医療従事者が考えられる。
② 独立行政法人が病院を開設している場合や救急搬送における行為を問題とする事案で消防組合が置かれている場合の被告，市立病院・県立病院などで事業管理者が置かれている場合の代表者等に留意が必要である。

イ 訴訟物の選択

損害賠償請求をする場合，不法行為構成と債務不履行構成が考えられる。各構成には遅延損害金の発生日などについて違いがあるので，訴訟物の選択に当たって留意が必要である。

ウ 訴状の記載内容

証拠を引用しつつ（規則53条1項），以下の事項を訴状に記載する。

① 診療経過

診療録等の記載に基づくなどして，診療経過を具体的に記載する。

② 過失

訴え提起時点において，可能な限り，過失の内容を特定して記載する。

考えられる不適切な点をすべて主張するのではなく，結果・

　　　　損害との因果関係も立証できる過失を主張する。
　　③　結果・損害
　　　　結果（死亡，後遺症等）を明示して記載する。損害は，内容，損害額とともに計算根拠も併せて明示して記載する。
　　④　因果関係
　　　　過失と結果・損害との間の因果関係を明確に記載する。
　　⑤　前提となる医学的知見を説明する。
　　⑥　提訴前に証拠保全を行っている場合には，その旨も記載する（規則54条）。
　エ　訴状の添付書類

> 提訴前に収集した前医・後医の診療録等，医学文献，損害立証のための給与明細，領収書などの医事関係事件等における基本書証については，その写しを訴状に添付する。

　オ　送付嘱託の申立て

> 患者側は，前医・後医の診療録等を入手していない場合には，訴訟の早期の段階で，送付嘱託の申立てを行う。

2　被告の活動

> 病院側は，できる限り，第1回口頭弁論期日又は弁論準備期日までに，実質的認否，診療経過に関する被告の事実主張，診療行為の相当性に関する説明，翻訳付き診療録等，診療経過一覧表，関係文献等の提出をする。

第3　争点整理手続

1　争点整理手続の概要

> ①　第1回口頭弁論期日以降の争点整理手続では，原告が訴状で主張した診療経過及び過失等（過失，結果・損害，因果関係）の概要に対し，被告が認否・主張をするとともに，翻訳付きの診療録等を提出

> し，かつ，問題となる診療期間が短い場合を除き，原則として，診療経過一覧表を作成する。それを受けて原告が診療経過の認否及び過失等の特定をし，さらに，双方が主張を充実深化させるとともに医学文献を含めた書証等を提出する。
> ② 裁判所は，①の過程において，訴訟指揮により，当事者双方に十分な主張及び証拠の提出を促し，必要に応じて，各期日の手続内容や次回までの準備事項等を記載した文書を当事者に送付して，当事者及び裁判所間で認識を共通化し，訴訟進行の円滑を図る。
> ③ ①の結果を踏まえ，最終的に裁判所が争点整理案を作成する。

2 診療経過の争点整理
  (1) 診療経過一覧表

> ① 診療経過一覧表には，法的評価を入れることなく，事実経過及びその証拠を記載する。
> ② 被告病院における診療に係る診療経過一覧表は，第一次的には被告が作成し，前医・後医における診療に係る診療経過一覧表は，原則として，第一次的には原告が作成する。
> ③ 診療経過一覧表に記載する事項は，争点に関係するものであれば，診療録等に記載された事実に限定する必要はない。ただし，診療録等に記載された事実であるか，当事者の記憶のみに基づく事実であるかは，区別して記載することが望ましい。

　事実経過が単純ないし短期間で，専らピンポイントの時点における過失が争われるような事案など，診療経過一覧表作成の必要性が乏しい場合は，作成を求めないこともある。
  (2) 診療経過についての立証活動
　　診療経過については，診療録等が最も基本的な証拠であり，まずこれを十分に検討する必要がある。
3 過失，因果関係，結果・損害についての争点整理

(1) 原告の活動

> 原告の主張・立証活動は，本証であって，被告への反論のみで終わらないよう留意する必要がある。

ア 過失の主張・立証

> ① 過失は，「誰が」，「どの時点で」，「何を行うべきであったか（行うべきではなかったか）」を具体的に特定して主張する。
> ② 主として文献を用いて，過失に関する当時の一般的医学的知見を立証し，意見書等を用いて，当該事案に対する一般的医学的知見の当てはめを立証する。
> ③ 最初から鑑定で立証の不足を補おうとすることは，相当ではない。

過失主張は，反論，審理の対象とするに必要な程度に具体的に行う必要がある。裁判所からの求釈明にもかかわらず，過失主張が特定されなければ，主張自体失当として請求が否定されることもあり得る。

イ 因果関係の主張・立証

> ① 因果関係の主張・立証の中心は，過失となる行為から損害となる結果が発生した機序を明らかにすることである。
> ② 因果関係は，過失とは異なり，レトロスペクティブに判断される。

ウ 損害（額）の主張・立証

> ① 損害の主張・立証は，交通事故等で採用されている基準等を参考にして行う。
> ② 訴え提起段階から，損害について十分に主張し，給与明細等の基本書証を提出しておく。
> ③ 後遺障害については，後遺障害等級表のみを参照するのではなく，労災補償の障害等級認定基準にも留意する。

(2) 被告の活動

> 被告は，答弁書において認否をした後，事案解明のため，当該医療行為の相当性等について，積極的に主張及び証拠の提出をする。

4 争点整理案

争点整理終了段階においては，争点が複雑でないなどその必要性が認められない事案を除き，裁判所が争点整理案を作成する。作成に当たっては，主張書面の電子データの提出を求めることがある（規則3条の2）。

第4 書証の提出

1 書証の分類

> 書証は，A号証，B号証，C号証に振り分ける。

書証番号は，甲A第1号証，乙B第1号証の1などとする。

(1) A号証：医療・看護・投薬行為等の診療経過の確定に関する書証
(2) B号証：医療行為等の評価，一般的な医学的知見その他これに類する書証
(3) C号証：損害立証のための書証，紛争発生後に作成された書証等A及びB号証に属しない書証

2 証拠説明書

> 書証の申出時には，証拠説明書を提出する。

書証の申出をするときには，原則として，文書の趣旨，作成者及び立証趣旨を明らかにした証拠説明書を提出する（規則137条1項）。診療録等については，作成した病院・診療所，作成期間（診療期間），診療科，入院・外来の別などを明記し，レントゲンフィルム等については，撮影日時を1つずつ明記し，医学文献については，立証趣旨（立証すべき医学的知見を具体的に記載する。），発行年月日，作成者を明記する。また，証拠説明書は，A，B，C号証別に提出していただきたい。

3 診療録等
> 診療録等は，翻訳を付し，通しで頁番号を記載して，問題となる診療期間のものをまとめて提出する。

4 医学文献
> ① 医学的知見は，それぞれ医学文献で裏付けをする。
> ② 医薬品の添付文書（能書）や診療ガイドラインは特に重要な証拠である。
> ③ 改版に留意し，過失の立証に供する文献については，診療行為の時点における文献を提出する。

5 協力医の意見書
> ① 協力医の意見書は，当該事案についての具体的な医師の判断の適否を証明するための重要な書証となり得る。
> ② 意見書は，問題となっている診療科の医師に作成してもらうようにする。
> ③ 意見書は，遅くとも争点整理手続終結までに提出する。
> ④ 意見書は顕名により，匿名の意見書を提出しないようにする。

6 陳述書
> ① 医師，看護師等の尋問は，専門的事項にわたるため，人証尋問期日の一定期間前に陳述書を提出することが必要である。
> ② 患者・遺族の陳述書は，患者・遺族の供述・証言が重要となる争点を中心として必要・十分な記載を行い，冗長になるのを避ける。

第5 争点整理段階での専門的知見の活用
> ① 事案に応じ，争点整理段階において，当事者双方の意見を聴いた上で，専門委員の活用を積極的に図る。
> ② 専門委員を関与させる際には，当事者双方の手続保障を図るとともに，専門委員に過度の負担を掛けないよう手続を進める。

大阪地方裁判所医事部の審理運営方針（平成28年1月現在）

第6 人証調べ

1 前医・後医尋問

> ① 前医又は後医がいる場合，診療録等を取得し，前医又は後医における診療経過・内容を確認する。
> ② その上で，必要があれば，前医尋問・後医尋問の申出をする。

2 集中証拠調べ

(1) 集中証拠調べの実施

証拠調べは，可能な限り1期日で行う。

尋問において，レントゲン等の写真を示す場合は，シャウカステン，デジタルカメラ等を用意する必要があるので，事前に裁判所に申し出る。また，被尋問者において画像等について説明をする場合には，事前に当該画像の写しを準備する。

(2) 人証の範囲及び尋問事項

調べるべき主な人証は，①診療担当医師その他の医療従事者，②意見書を提出した（特に患者側の）協力医，③患者本人，④遺族である。

第7 鑑定

1 時期

> ① 鑑定は，原則として，集中証拠調べ後に行う。
> ② 事案の前提として，死因等を確定する必要がある場合は，病理医等による早期鑑定を実施することもある。

2 採用

> ① 鑑定は，医学文献，意見書，関係医師（前医・後医や協力医を含む。）の尋問等を経ても，なお心証形成ができない場合等，真に必要な事案に限って行う。
> ② したがって，当事者は，鑑定申出の前に，自己の主張を裏付ける医学文献・意見書の提出，協力医の尋問申出等による立証活動を十

> 分に行う必要がある。

3 鑑定方式

鑑定は，当該事案に適した鑑定方式を選択して行うが，現状では，単独書面鑑定を原則とする。

4 鑑定事項

鑑定事項の定め方については，中本敏嗣ほか「医事事件における鑑定事項を巡る諸問題－よりよい鑑定事項を目指して」（判タ1227号16頁）を参照されたい。

5 鑑定人の選任

(1) 選任方法

鑑定人については，大阪高裁ネットワーク，医事関係訴訟委員会（最高裁ルート）を利用する推薦依頼が可能である。また，裁判体が，鑑定等事例集，インターネット等を利用して，適切と考えられる医師に直接依頼をする場合もある。

(2) 利害関係

> ① 被告病院の関係者（過去に勤務したことがある者を含む。），被告側医師・原告側協力医の関係者（同じ大学，大学院の出身者を含む。）等については，当事者と利害関係があるものとして，鑑定人には選任しない。
> ② 単に被告病院と同じ都道府県の医師であることなどだけでは，当事者と利害関係があるものとはしない。

6 送付資料

原則として，鑑定人に対しては，鑑定事項のほか，争点整理案，診療経過一覧表，尋問調書，A号証，B号証を送付する（ただし，鑑定に不必要なものは除く。）。送付する資料のうち，A号証，B号証については，当該証拠を提出した当事者が，送付する写し（送付する電子データのコピー）を提出する。準備書面等の主張書面，C号証は，基本的に送付しな

い。

7　補充鑑定

> ①　補充鑑定は，鑑定意見の内容を明瞭にし，又はその根拠を確認するため必要があると認められるときに行う。
> ②　補充鑑定は，補充して鑑定意見を求める内容に応じ，書面又は口頭により行う。
> ③　口頭で鑑定意見を述べる場合，鑑定人の勤務場所等で行うことがある（所在質問）。
> ④　補充鑑定においても，鑑定人を侮辱し，又は困惑させるなど不相当な質問は，厳に慎まなければならない。

8　鑑定料

> ①　鑑定料は，事案の内容にもよるが，当面50万円を基本とし，補充鑑定を実施した場合は，10万円を加算する場合が多い。
> ②　事案の難易，鑑定事項ないし鑑定の内容，鑑定方式等により，鑑定人の負担が通常と異なる場合は，鑑定料の増減を行う。
> ③　鑑定人が複数の場合，各鑑定人について，①，②の基準により鑑定料を決定する。
> ④　鑑定料は，鑑定人推薦依頼前に予納する。

第8　和　解

> ①　裁判所は，和解による解決が適当と考えられる事案について，当該事案において相当な時期に和解を勧告する。
> ②　和解協議に当たっては，特に原告側当事者を同行していただきたい。
> ③　和解条項として，事案に応じ，当事者と協議の上，給付条項のほか，精神条項や口外禁止条項などを定めることもある。

第9　審理終盤における訴訟活動
　　審理終盤における主張の追加・変更，証拠提出等

> 証人尋問等終了後，特に鑑定終了後に新たな過失，因果関係等の主張をするのは相当ではなく，これらは場合により時機に後れた攻撃防御方法として却下することがある。

大阪地方裁判所医事事件統計

表1 新受件数

	平成23年	平成24年	平成25年	平成26年	平成27年
医事事件	86	79	77	80	103

表2 終局区分別事件数・事件割合

終局区分	平成23年		平成24年		平成25年		平成26年		平成27年	
	既済件数	事件割合	既済件数	事件割合	既済件数	事件割合	既済件数	事件割合	既済件数	事件割合
判決	38	41.30%	40	43.01%	25	35.71%	31	46.27%	26	40.63%
決定	0	0.00%	0	0.00%	0	0.00%	0	0.00%	0	0.00%
命令	0	0.00%	0	0.00%	1	1.43%	0	0.00%	1	1.56%
和解	50	54.35%	52	55.91%	41	58.57%	29	43.28%	33	51.56%
放棄	0	0.00%	0	0.00%	0	0.00%	0	0.00%	0	0.00%
認諾	0	0.00%	0	0.00%	0	0.00%	0	0.00%	0	0.00%
取下げ	4	4.35%	1	1.08%	2	2.86%	7	10.45%	4	6.25%
その他	0	0.00%	0	0.00%	1	1.43%	0	0.00%	0	0.00%
計	92	100.00%	93	100.00%	70	100.00%	67	100.00%	64	100.00%

表3 鑑定実施率

鑑定実施	平成23年		平成24年		平成25年		平成26年		平成27年	
	事件数	鑑定実施率	事件数	鑑定実施率	事件数	鑑定実施率	事件数	鑑定実施率	事件数	鑑定実施率
有	12	13.04%	11	11.83%	8	11.43%	5	7.46%	4	6.25%
無	80		82		62		62		60	
計	92		93		70		67		64	

表4 調停利用の有無と終局区分ごとの事件数

調停終了事由	平成23年	平成24年	平成25年	平成26年	平成27年
調停成立	0	0	0	2	1
調停不成立	0	0	0	1	0
取消し	0	0	0	0	0
本案取下げ	0	0	0	0	0
計	0	0	0	3	1

表5 専門委員関与の有無と終局区分ごとの事件数

専門委員関与	平成23年	平成24年	平成25年	平成26年	平成27年
有	9	11	13	9	5
無	83	82	57	58	59
計	92	93	70	67	64

表6 診療科目別の既済事件数

	平成23年	平成24年	平成25年	平成26年	平成27年
内科	24	22	9	8	16
小児科	4	1	4	1	0
精神科	4	4	6	1	1
皮膚科	1	2	2	0	1
外科	16	21	14	10	8
整形外科	10	12	9	9	7
形成外科	3	2	1	3	3
泌尿器科	3	2	2	1	1
産婦人科	8	2	4	9	6
眼科	3	2	3	1	1
耳鼻咽喉科	0	3	0	3	0
歯科	5	6	7	9	7
麻酔科	0	1	0	0	0
その他	11	13	9	12	13
計	92	93	70	67	64

※ 精神科には，神経科を含む。
※ 形成外科には，美容外科を含む。
※ 泌尿器科には，性病科を含む。
※ 歯科には，口腔外科を含む。
※ 平成23年から平成26年の数値は，最高裁判所の司法統計による。平成27年の数値は速報値である。

医療訴訟ケースブック	書籍番号302806

平成28年6月20日　第1版第1刷発行

著　者　　森冨義明・杉浦徳宏 ほか
発行人　　菅　野　雅　之
発行所　　一般財団法人　法　曹　会

〒100-0013　東京都千代田区霞が関1-1-1
振替口座　00120-0-15670
電　話　03-3581-2146
http://www.hosokai.or.jp/

落丁・乱丁はお取替えいたします。　　印刷製本／大日本法令印刷

ISBN 978-4-908108-55-6